D1670631

Matthias Groß

Die Übertragung von African American English ins Deutsche: Herausforderungen bei der Filmsynchronisation

Bachelor + Master
Publishing

Groß, Matthias: Die Übertragung von African American English ins Deutsche: Herausforderungen bei der Filmsynchronisation, Hamburg, Diplomica Verlag GmbH 2012
Originaltitel der Bachelorarbeit: Die Synchronisation von African American English ins Deutsche

ISBN: 978-3-86341-161-9
Druck: Bachelor + Master Publishing, ein Imprint der Diplomica® Verlag GmbH, Hamburg, 2012
Zugl. Sprachen- und Dolmetscher-Institut München e.V. (SDI), München, Deutschland, Bachelorarbeit, 2011

Bibliografische Information der Deutschen Nationalbibliothek:
Die Deutsche Nationalbibliothek verzeichnet diese Publikation in der Deutschen Nationalbibliografie;
detaillierte bibliografische Daten sind im Internet über http://dnb.d-nb.de abrufbar.

Die digitale Ausgabe (eBook-Ausgabe) dieses Titels trägt die ISBN 978-3-86341-661-4 und kann über den Handel oder den Verlag bezogen werden.

© Bachelor + Master Publishing, ein Imprint der Diplomica® Verlag GmbH
http://www.diplom.de, Hamburg 2012
Printed in Germany

Abstract

Filme, die die oftmals harschen Lebensbedingungen der afroamerikanischen Bevölkerung in den USA porträtieren, haben längst den Sprung ins Mainstream-Kino geschafft. Um diese Filme realistischer erscheinen zu lassen, wird von den Filmfiguren African American English gesprochen, was der Dialekt ist, der von einem Großteil der Schwarzen in Amerika verwendet wird. Werden diese Filme nun aber für den deutschen Markt synchronisiert, so fällt das Ergebnis oftmals schlechter aus, als man es von anderen synchronisierten Filmen gewohnt ist, und die Glaubwürdigkeit der Originalfassung geht oft verloren.

Zwar gilt die Übertragung von Dialekten als eine der schwersten Aufgaben bei der Filmsynchronisation, aber dennoch gibt es einige Möglichkeiten, um auf die speziellen Anforderungen bei der Synchronisation von African American English einzugehen.

In dieser Arbeit soll deshalb zunächst ein genaues Bild von dieser sprachlichen Varietät gezeichnet werden, um dann anschließend genau analysieren zu können, welche Möglichkeiten es gibt, um diesen Dialekt auch im Deutschen äquivalent wiedergeben zu können. Außerdem werden das Entstehen einer Synchronfassung und die damit verbundenen Schwierigkeiten genauer beschrieben, wobei auch Mängel beim Synchronisationsprozess aufgezeigt werden.

Anhand der Analyse von vier Filmen wird gezeigt, dass es einige Vorgehensweisen gibt, mit deren Hilfe die Synchronisation von African American English verbessert werden könnte, damit ein ähnlich hohes Niveau erreicht werden kann, wie es für deutsche Synchronfassungen sonst üblich ist. Des Weiteren werden auch Verbesserungsvorschläge zum Synchronisationsprozess gemacht, um die Qualität noch weiter aufzuwerten.

Inhaltsverzeichnis

1 Einleitung

„Die Synchronisation von African American English ins Deutsche" wurde als Thema dieser Arbeit gewählt, da Filme, in denen diese sprachliche Varietät vorkommt, oftmals mehr als unzufriedenstellend synchronisiert sind. Ich bin ein großer Filmliebhaber und beschäftige mich viel mit afroamerikanischer Jugend- und Popkultur. Daher lag es auf der Hand, diese Interessen zu verbinden, zumal der Synchronisation innerhalb der Übersetzungswissenschaft sowieso zu wenig Aufmerksamkeit zukommt. Da es sich dabei aber um ein äußerst anspruchsvolles Handwerk handelt, wie im Laufe der Arbeit noch deutlich werden wird, und da es sich bei mehr als 80% der Kinofilme in Deutschland um synchronisierte Filme handelt, die somit Millionen von Menschen erreichen, finde ich es durchaus wichtig, sich mit diesem Feld genauer zu befassen. Zudem werden dabei auch Aspekte der klassischen Übersetzungstheorie berührt.

Unter Experten besteht kein Zweifel, dass die Übertragung von Dialekten bei der Synchronisation die größte Herausforderung darstellt. Warum dies so ist und warum die Synchronisation von African American English den Synchronisateuren oft die scheinbar größten Schwierigkeiten bereitet, soll in dieser Arbeit genauer untersucht werden.

Dazu muss zunächst einmal definiert werden, was African American English genau ist und welchen Stellenwert dieser Dialekt in der amerikanischen Gesellschaft genießt. Dies geschieht in den ersten zwei Kapiteln. Anschließend wird untersucht, welche deutschen Varietäten zur Verfügung stehen, um African American English in der Synchronfassung funktionsäquivalent wiederzugeben.

Im letzten Kapitel des Theorieteils wird dann näher beschrieben, wie die Synchronisation eines Films vonstattengeht, und welche Anforderungen dabei beachtet werden müssen. Aufbauend auf den vorherigen Kapiteln wird dann auch die Synchronisation von Dialekten und African American English im Speziellen besprochen.

Im Analyseteil wird das theoretisch erarbeitete Wissen dann anhand von praktischen Beispielen untersucht, und es wird sich zeigen, welche Mängel in der Praxis bestehen, welche Vorgehensweisen sich als positiv herausstellen und welche Verbesserungsvorschläge gemacht werden können.Aufgrund der hohen Redundanz soll African American English von nun an mit AAE abgekürzt werden. Das Thema dieser Arbeit macht es nötig, auch auf vulgäre Sprache und Schimpfwörter einzugehen. Da es sich um eine praxisorientierte Arbeit handelt, würde es nichts bringen, diese Art von Sprache, die in der Realität nun mal dazugehört, auszuklammern.

2 Grundlagen der Analyse

2.1 Sprachliche Varietäten

Bei der Sprache eines Landes handelt es sich nie um ein einheitliches Sprachsystem, sondern vielmehr um ein Diasystem, also um eine Vielzahl von Sprachsystemen, die nebeneinander existieren und sich gegenseitig beeinflussen (vgl. Pelz, 1996, S. 219). In so gut wie jedem Land gibt es eine Standardvarietät, oftmals auch Standardsprache oder Hochsprache genannt, die als Norm gilt (vgl. www.christianlehman.eu). Diese wird z.b. als Schul-, Verwaltungs- oder Literatursprache verwendet (vgl. Pelz, 1996, 221). Daneben existieren noch diatopisch (regionale), diastratisch (soziale) und diaphasisch (funktionale) Varietäten.

Erstere werden Dialekte genannt und bezeichnen diejenigen sprachlichen Varietäten, die in bestimmten Regionen gesprochen werden und sich von den Varietäten anderer Regionen unterscheiden (vgl. ebd, 19f). Wann es sich dabei um Dialekte und wann um eigene Sprachen handelt, ist aus linguistischer Sicht schwierig zu sagen und meist eher politisch motiviert (vgl. Smitherman, 2000, S.13). So gelten z.B. Serbisch und Kroatisch seit den Balkankriegen als eigene Sprachen, wobei sich Serben und Kroaten problemlos miteinander unterhalten können, während es verschiedene Dialekte von Mandarin gibt, die so unterschiedlich sind, dass sich die Sprecher nicht mehr verstehen können.

Diastratische Varietäten werden als Soziolekte bezeichnet. Diese repräsentieren das Sprachverhalten einer abgrenzbaren Gruppe von Individuen (Kubzac, 1979, S. 94). Meistens wird der Begriff Soziolekt verwendet, um die Zugehörigkeit einer Person zu einer bestimmten gesellschaftlichen Schicht zu bezeichnen. Der Schichtbegriff ist jedoch nicht unumstritten, da er recht willkürlich verwendet werden kann (ebd, S.96). Einige Kriterien für die Zuordnung eines Individuums zu einer bestimmten gesellschaftlichen Schicht können jedoch Macht, Prestige oder Besitz sein (Steinig, 1976, S.25). Das mitunter wichtigste Kriterium ist wohl jedoch Bildung, da Akademiker generell einen hohen sozialen Status besitzen und üblicherweise auch mehr verdienen als normale Arbeiter. Doch nicht nur soziale Schichten verfügen über eigene Soziolekte, auch Altersgruppen (z.B. Jugendsprache), Berufsgruppen (z.B. Fachsprachen) oder ethnische Gruppen (z.B. Romani) können ihre eigenen Soziolekte haben (vgl. Pelz, 1996, 223). Generell ist jedoch zu sagen, dass Soziolekte meist wesentlich schwieriger eingrenzbar sind als Dialekte, da diese generell konkreter sind und sich durch lexikalische, phonetische, morphologische, semantische und syntaktische Merkmale meist deutlich voneinander unterscheiden lassen (www.uni-protokolle.de). Ein weiterer Unterschied zum Dialekt ist auch die Tatsache, dass Soziolekte gesellschaftlich immer positiv oder negativ konnotiert sind (vgl. Steinig, 1976, S.16). Sie erlauben es dem Hörer, den Sprecher in der sozialen Ranghierarchie ungefähr einordnen zu können.

Diaphasische Varietäten sind Funktionsvarietäten. Diese bezeichnen verschiedene Stile oder Register. Einige Beispiele wären Umgangssprache, prosaischer oder poetischer Stil, Vulgärstil, usw. Diese Varietäten werden je nach Anlass gewählt (vgl. christian-lehman.eu).

In der Realität überschneiden sich diatopische, diastratische und diaphasische Varietäten jedoch oftmals. So ist die Umgangssprache in Deutschland so gut wie immer regional gefärbt und ein Dialekt kann auch gleichzeitig ein Soziolekt sein, wenn er nämlich positiv oder negativ konnotiert ist.

African American English soll in dieser Arbeit als Dialekt bezeichnet werden. Es handelt sich zwar auch um einen Soziolekt, da es die Sprache einer ethnischen Gruppe ist, allerdings verfügt AAE über feste Regeln was Lexik, Phonetik, Morphologie, Syntax und Semantik angeht, weshalb es eher einem Dialekt ähnelt. Eine wirklich eindeutige Zuordnung ist jedoch nicht möglich, da AAE, wie später noch ausführlicher dargestellt wird, weder auf eine bestimmte Region noch auf eine bestimmte soziale Schicht beschränkt ist, was diese Varietät von normalen Dialekten oder Soziolekten abhebt.

2.2 African American English

Es gibt in den USA etwa 37,3 Millionen Menschen, die afroamerikanischer Herkunft sind, was etwa 12,4 % der Gesamtbevölkerung ausmacht (vgl. www.factfinder.census.gov). Etwa 80% der Afroamerikaner sprechen immer oder zumindest hin und wieder African American English (vgl. www.encyclopedia.com). Viele der AAE-Merkmale werden dabei überregional verwendet und auch die Lexik ist selten regional gebunden (vgl. Green, 2002, S.19), was diesen Dialekt von den anderen US-Dialekten abhebt. Dennoch ist die Frage nach der Regionalität von AAE derzeit noch nicht ganz geklärt. Die Supraregionalität von AAE galt lange Zeit als Axiom, doch besonders Wolfram stellte diese jüngst in Frage (vgl. www.ncsu.edu) und auch Green räumt ein, dass kleine regionale Unterschiede existieren (2002, S.1f). Was soziale Unterschiede angeht, so kann man sagen, dass niedrigere soziale Schichten generell stärker ausgeprägtes AAE sprechen, was sich daran messen lässt, wie oft bestimmte AAE-Merkmale verwendet werden. Doch auch wenn solche sozialen Unterscheide bestehen, so lassen sich auch in der Sprache der oberen Mittelschicht noch einige AAE-Merkmale finden (vgl. Rickford, 1999, S.9-11). Man kann also sagen, dass AAE in ganz Amerika von Afroamerikanern aus allen Schichten hin und wieder gesprochen wird.

2.2.1 AAE im wissenschaftlichen Diskurs

Im Laufe der Jahre hatte AAE viele Namen, wie Negro Dialect oder American Negro Speech, doch heutzutage sind die gebräuchlichsten Bezeichnungen African American (Vernecular) English, Black English und Ebonics (vgl. Green, 2002, S. 6). Auch der wissenschaftliche Diskurs über AAE hat sich im Laufe der Zeit verändert. Bis in die 1940er waren die soziolinguistischen Arbeiten über die Sprache der Schwarzen stark vom sogenannten *biologischen Determinismus* geprägt. Diese Theorie besagte, dass die Schwarzen der kaukasischen Rasse unterlegen seien, und dass insbesondere ihr Verstand nicht zu den gleichen Leistungen fähig sei, wobei sie oft mit Kindern verglichen wurden. Die (weißen) Soziolinguisten waren, geblendet von diesem Gedanken, folglich der Meinung, dass AAE defizitär sei und nannten es eine Babysprache. Nur einige wenige schwarze Sprachwissenschaftler (wie DuBois oder Turner) versuchten, die Sprache der Afroamerikaner zu verteidigen. Während man anschließend in den vierziger und fünfziger Jahren bemüht war, die Unterschiede zwischen Schwarzen und Weißen herunterzuspielen, um so die Wogen zu glätten, beschäftigte man sich in den sechziger und siebziger Jahren, als die schwarze Bürgerrechtsbewegung aufkam, erstmals wirklich gründlich und unvoreingenommen mit der Sprache der Schwarzen (vgl. insgesamt Smitherman, 2000, S.67-92).

Mittlerweile wird AAE, vor allem dank Linguisten wie Smitherman, Labov, Wolfram, Dillard, Green und vielen weiteren, als legitimes Sprachsystem anerkannt, das festen Regeln folgt. Seit es zum Umschwung in der Black Power Ära kam, findet man in wissenschaftlichen Arbeiten oftmals sogar eine positive Einstellung gegenüber AAE vor. So beschrieb Kochman AAE bereits 1981 als leidenschaftlich und belebt, während er die Sprache der weißen Amerikaner als zurückhaltend und kühl charakterisierte (vgl. 1981, S.18). Dennoch genießt AAE in der Gesellschaft auch heutzutage noch sehr wenig Ansehen und steht in der Hierarchie der US-Dialekte weiterhin ganz unten (vgl. Smitherman, 2000, S.102).

2.2.2 Die Entstehung von AAE

Auch wenn es im Laufe der Zeit unzählige Arbeiten über AAE gegeben hat, so ist die Entstehung dieser sprachlichen Varietät doch immer noch nicht wirklich geklärt und oftmals ein Stein des Anstoßes, da es sich auch um eine Prestigefrage handelt.

Ein Problem ist, dass es zu wenig empirische Daten über die Sprache der ersten Sklaven in Amerika gibt (vgl. Smitherman, 2000, S.30). Eine weitere Schwierigkeit ist, dass die Entwicklung einer Sprache etwas sehr organisches ist und theoretisch nur schwer erfasst werden kann. Außerdem war die Sprachsituation in den neuen Kolonien Amerikas sehr kompliziert. Die Sklaven kamen aus verschiedenen afrikanischen Ländern und hatten möglicherweise schon dort Pidginsprachen entwickelt. Auf den Feldern arbeiteten die Sklaven mit britischen Schuldknechten zusammen, die verschiedene englische Dialekte sprachen, was die Entwicklung von AAE ebenfalls beeinflusst haben muss (vgl. www.homepages.rootsweb.ancestry.com).

Aus diesen Gründen sind alle Theorien über die Herkunft von AAE sehr spekulativ und auch rassistische Ansichten sind aus der Wissenschaft noch nicht ganz verschwunden. Generell gibt es jedoch heutzutage für die Entstehung von AAE in der Wissenschaft zwei grundlegende Theorien:

- die Creolist Theory
- die Anglicist / Dialectologist Theory

Befürworter der ersten Theorie sind beispielsweise Smitherman, Holm, Labov, Rickford und Singler. Diese besagt, dass Afrikaner, die als Sklaven nach Amerika kamen, bereits voll funktionsfähige Kreolsprachen entwickelt hatten (vgl. Green, 2002, S.9). Diese könnten in den sogenannten „slave castles" in Westafrika entstanden sein, wo die Sklaven oftmals lange Zeit auf ihre Verschiffung in die Neue Welt gewartet haben (vgl. Smitherman, 2002, S.34).

Was für diese Theorie spricht, ist die Tatsache, dass einige distinktive Merkmale des frühen und auch des heutigen AAE in verschiedenen Kreolsprachen, wie sie beispiels-weise in Jamaika, Haiti, Grenada oder Guyana gesprochen werden, ebenfalls vorkom-men. So kommt auch Green zu folgendem Ergebnis: „Several of the features of the earlier AAVE vowel system that do not appear in comparable white vernaculars have parallels in these creoles [...] their presence reflects a shared heritage with the creoles" (1998, S.97). Auch Ähnlichkeiten zu westafrikanischen Sprachen lassen darauf schlie-ßen, dass AAE nicht einfach nur ein Überbleibsel ausgestorbener englischer Dialekte ist, sondern dass dieser Varietät, wie den anderen Kreolsprachen, die Strukturen westafrikanischer Sprachen zugrunde liegen. Beispiele für solche Merkmale sind das Vermeiden des „th" Lautes, den es in westafrikanischen Sprachen nicht gibt; Worte wie jive, jazz oder okay, die von afrikanischen Wörtern abgeleitet sind; das Wegfallen des *r* am Wortende (vgl. insgesamt Smitherman, 2000, S.20/21) oder der Marker *dən*, der in karibischen Kreolsprachen vorkommt (vgl. Labov, 1998, S. 253). Das wichtigste AAE-Feature für die Untermauerung der *creolist theory* ist jedoch die sogenannte *copula absence*. Das bedeutet, dass vor allem bei der dritten Person keine Form von „to be" verwendet wird, wie beispielsweise in dem Satz „She a nice girl". Dieses Merkmal wird sofort mit Afroamerikanern assoziiert und findet sich in keiner anderen amerikanischen oder britischen Varietät, jedoch in einigen Kreolsprachen (vgl. Smitherman, 2000, S.31).

Die *dialectologist theory*, die unter anderem von Poplack, Krapp, Kurath, Johnson und Schneider unterstützt wird, geht davon aus, dass alle Charakteristika des AAE auch in anderen englischen Varietäten und in früheren Formen der englischen Sprache vorgefunden werden können (vgl. Green, 2002, S.9). Poplack ist der Meinung: „the grammatical core of contemporary AAVE developed from an English base, many of whose features have since disappeared from all but a select few varieties" (2000, S.1). In ihrem Buch will Poplack mithilfe von quantitativen Erhebungen beweisen, dass sämtliche charakteristischen AAE-Merkmale ausschließlich auf frühere englische Varietäten zurückzuführen sind. Auch der Linguist Dr. John McWhorter sagte 2010 in einem Interview:

> „I think that all of us agree that the West African connection is quite minor and very hard to exactly put your finger on. So, for example, the habitual be is something that you can hear Irish-English speakers doing all the time […] It can be quite counterintuitive, but those [englische Varietäten; Anm. d. Verf.] are the principal sources of the language of black people in the United States" (www.npr.org).

Die Behauptung, dass AAE keine oder kaum afrikanische Wurzeln habe, impliziert allerdings, dass auch die afrikanische Kultur durch die Versklavung und Zwangsarbeit ausradiert wurde. Für Smitherman ist daher die *Dialectologist Theory* die linguistische Version der sogenannten *Tabula Rasa Theory*. Diese geht davon aus, dass durch die Sklaverei bei den schwarzen Sklaven eine Art kulturelle *Tabula Rasa* entstand, die dann mit der Kultur der europäischen Amerikaner gefüllt wurde, und dass die bestehenden Unterschiede zur Kultur der Weißen nur auf Armut und Not zurückzuführen sind. Die Behauptung, dass AAE somit nur veraltetes „White English" sei, heißt für Smitherman folglich im Klartext, dass die Afroamerikaner keine eigenen kulturellen Wurzeln besitzen, und dass sie zu den Weißen immer noch nicht aufgeschlossen haben, da sich bei ihnen kein entsprechender Sprachwandel vollzogen hat (vgl. hierzu insgesamt Smitherman, 2000, S.30f). Daher ist verständlich, dass vor allem schwarze Linguisten die *dialectologist theory* meist prinzipiell ablehnen (DuBois tat dies schon 1903).

Für Smitherman besteht Sprache zudem nicht nur aus Worten und Grammatik, sondern auch aus Sprachpraktiken und Denkweisen, und diese können auch durch die un-menschlichste Sklaverei nicht ausgelöscht werden (2000, S.33). Für sie setzt sich AAE daher folgendermaßen zusammen: die Lexik kommt aus dem Englischen; bei der Syntax, Phonologie und Semantik findet sich eine Mischform aus afrikanischen Sprachen und Englisch; und die Sprachpraktiken, die für sie das Entscheidende an AAE sind, müssen eindeutig Afrika zugeordnet werden (ebd, S.101).

2.2.3 Lexik

Wie fast alle Dialekte verfügt auch AAE über ein individuelles Vokabular. Die Worte wurden dabei größtenteils der Standardsprache entnommen und mit einer neuen Bedeutung versehen. Bildungs-, Klassen- oder regionale Unterschiede spielen bei der Verwendung des AAE-Wortschatzes keine entscheidende Rolle und stellen keine wirkliche Barriere dar. Vielmehr muss zwischen verschiedenen Altersgruppen differen-ziert werden, da es einige Begriffe gibt, die generationsübergreifend verwendet werden und die bereits lange existieren, und andere, die hauptsächlich von jüngeren Afroameri-kanern verwendet werden und als Slang bezeichnet werden können (vgl. Green, 2002, 19).

Ein Beispiel für erstere Kategorie wäre z.B. der Begriff „kitchen", der das für Schwarze typische krause Nackenhaar bezeichnet. Hier wurde auch ein Standardbegriff genom-men und mit einer neuen Bedeutung versehen (vgl. ebd, 2002, 19-31). Der AAE-Begriff ist somit ein Neosemantismus und auch ein Homonym zum Standardbegriff, denn beide Begriffe bezeichnen völlig verschiedene Dinge. Warum es sich hierbei um einen generationsübergreifenden Begriff handelt, wird schnell klar, denn es wird eine zeitlose Eigenheit der schwarzen Lebenswelt bezeichnet.

Für die Filmsynchronisation sind diese Begriffe jedoch eher zweitrangig, da AAE in Filmen hauptsächlich dazu verwendet wird, ein Straßen- oder Gangstermilieu authentisch abzubilden, wofür vor allem Begriffe letzterer Kategorie, also Slangwörter, dienlich sind. Daher soll der Fokus bei der Lexik auch auf diesen Begriffen liegen[1].

Auch beim Slang werden Wörter aus der Standardsprache entnommen und mit einer neuen Bedeutung versehen (vgl. Peer, 2006, S.42). Besonders Metaphern spielen bei der Bildung von Slangbegriffen eine große Rolle. Ein Beispiel hierfür wäre „He is on a trip", was bedeutet, dass jemand auf Droge ist. Der verstorbene englische Autor Gilbert K. Chesterton hat sogar einmal gesagt, „All slang is metaphor. And all metaphor is poetry" (www.dictionary-quotes.com). Dabei ist es jedoch schwer einzugrenzen, was nun alles wirklich als Slang bezeichnet werden kann, denn genau genommen gelten umgangssprachliche Ausdrücke, Tabuwörter und Argot (Gaunersprache) nicht wirklich als Slang (vgl. Peer, 2006, S.38f). Weil die Grenzen aber derart verschwimmen, da beispielsweise beliebte Slangausdrücke auch in die Umgangssprache eingehen können und Slang durchaus Tabuwörter enthalten kann, soll diese Unterscheidung hier nicht allzu genau genommen werden.

In den USA gibt es eine unüberschaubar große Zahl an Slangbegriffen, und es stoßen ständig neue hinzu, da sich diese über das Internet viel schneller verbreiten können, als es früher der Fall war[2]. Doch nur Begriffe, die eine längere Zeit Bestand haben und eine gewisse Bekanntheit erlangen, z.B. durch die Verwendung in Liedtexten, werden in Filmdialogen auch wirklich häufiger verwendet, da das amerikanische Durchschnitts-publikum sonst wahrscheinlich kein Wort mehr verstehen würde. Erlangen Begriffe aber eine große Beliebtheit, kann es vorkommen, dass sie sogar in Deutschland ge-bräuchlich oder zumindest verständlich werden, was bedeuten würde, dass sie bei der Synchronisation beibehalten werden könnten. Beispiele hierfür wären z.B. „posen" oder „dissen". Allerdings können Begriffe in den USA auch sehr schnell wieder aus der Mode geraten, wie es z.B. beim Wort „phat" (variierende Schreibweise von „fat") der Fall war, das in der deutschen Hip Hop Szene noch verwendet wurde, als es in den USA unter Schwarzen bereits obsolet geworden war, da es von zu vielen Weißen gebraucht wurde, was für jedes schwarze Slangwort ein Todesurteil ist (vgl. Green, 2002, S.27).

Eine in Filmen besonders häufig vorkommende Kategorie von Slangbegriffen sind Personenbezeichnungen. Hierbei sind vor allem Formen der Anrede von Bedeutung. Einige bekannte Begriffe für männliche Personen wären: „homes", „player/playa", „homey", „cat", „balla" oder auch „nigga". Begriffe für weibliche Personen wären z.B.:

---

[1] Für eine umfassende Liste an Slangausdrücken siehe urbandictionary.com oder slangsite.com
[2] Ein sehr moderner Slangausdruck ist z.B. „Check your Totem", eine Anspielung auf den Film „Inception", der erst 2010 erschienen ist (siehe urbandictionary.com).

„dime", „honey", „ma" oder „shorty". Und einige dieser Ausdrücke, wie „homes" oder „ma", werden auch in deutschen Synchronfassungen bereits durchaus verwendet.

Eine weitere wichtige Kategorie sind Begriffe, die in der Halbwelt gebräuchlich sind, die also etwas mit Drogen, Kriminalität oder Ähnlichem zu tun haben. Drogenbezeichnungen wären z.B. „brick" (ein Päckchen Kokain), „rock" (Crack), „kilo/snow/powder" (Bezeichnungen für Kokain), „dope/ganja/buddah/purple" (Marihuana) und vieles mehr. Da diese Begriffe besonders in Gangsterfilmen häufig vorkommen, sollten sie nicht einfach nur mit Kokain oder Marihuana übersetzt werden, da dadurch viel an Atmosphäre verloren geht, und sich auch im Deutschen zumindest ein paar umgangssprachlich Begriffe wie „Stoff" oder „Gras" finden lassen.

Begriffe, die im weitesten Sinne mit Kriminalität zu tun haben, wären z.B.: „cap/bust/smoke/wet someone" (jemanden erschießen), „nine/steele/hammer/toaster oder toast" (Handfeuerwaffe), „stick up" (Überfall), „brick/joint" (Gefängnis) und „popo/the Man/Feds/pigs/5-0" (Polizei). Es gibt für jeden dieser Begriffe oft noch dutzende weiterer Synonyme, jedoch ist so gut wie keiner dieser oder der genannten Begriffe annähernd bekannt genug, um ihn auch im Deutschen zu verwenden, weshalb auf deutsche Äquivalente ausgewichen werden muss[3]. Allerdings ist die Anzahl der im Deutschen zur Verfügung stehenden Begriffe im Vergleich verschwindend gering. So bieten sich z.B. außer dem Wort „Knarre" nicht wirklich viele Möglichkeiten, eine Pistole umgangssprachlich zu bezeichnen, während es im Englischen neben den oben genannten Begriffen sicherlich noch dutzende weiterer Alternativen gibt, so dass bei der Synchronisation von slanglastigen Dialogen die sprachliche Vielfalt des Originals niemals wirklich erreicht werden kann.

Eine letzte Kategorie von Slangwörtern, die noch betrachtet werden soll, sind Bezeichnungen für materielle Güter, da diese Begriffe gerade in modernen Filmen häufig vorkommen. So sind die bekanntesten Bezeichnungen für Geld „cheese/cake/cream/benjis(benjamins)/dead presidents/paper/dough" für Autos „whips" oder „wheels" und für Schmuck „ice" oder „bling". Gerade die Bezeichnungen für Geld wie z.B. „dead presidents" (auf den Dollarscheinen sind die Gesichter verstorbener Präsidenten) oder „cream" (Akronym für **c**ash **r**ules **e**verything **a**round **m**e) zeigen, wie originell und clever viele Slangausdrücke tatsächlich sind, und lassen erkennen, warum

---

[3] Im Film Taxi Driver mit Robert DeNiro wurde beispielsweise der Begriff „pusher" (Drogendealer) wörtlich übernommen, da der Film jedoch von 1976 ist, ist es mehr als unwahrscheinlich, dass der Begriff von normalen Zuschauern verstanden wurde. Eventuell wussten auch die Synchronisateure selbst nicht, was gemeint war.

es bei dieser Art von Sprache unmöglich erscheint, in der Synchronfassung dem Original wirklich gerecht zu werden.

2.2.4 Semantik

Ein weiteres Merkmal der AAE-Lexik, das die Synchronisation ebenfalls ungemein erschwert, ist die sogenannte *Semantische Inversion*. Dies bedeutet, dass eigentlich negativ konnotierte Wörter wie „bad" oder „stupid" im AAE eine positive Bedeutung bekommen (vgl. Rickford, 1998, S. 221; Smitherman, 2000, S.26). So z.B. bedeutet „mad stupid" in etwa „total super" und nicht „total bescheuert", wie im Standardenglischen. Einige weitere Beispiele, bei denen die semantische Inversion zum Einsatz kommt, wären „tight", „down", „dope", „crazy" oder „funky". Es ist gut vorstellbar, dass diese Eigenheit des AAE leicht zu Fehlern bei der Übersetzung führen kann, besonders wenn man die Qualifikationen des Rohübersetzers bedenkt, wie in 2.4.1 genauer beschrieben wird.

Bei einigen Begriffen, die in der Standardsprache ausschließlich negativ konnotiert sind, kann es sogar sein, dass diese sowohl positiv als auch negativ gemeint sein können. Hier wird das Konzept von Konnotation und Denotation vollends aufgehoben, und es kann nur noch aus dem Kontext erschlossen werden, wie eine Aussage wirklich gemeint ist. Ein Beispiel wäre der Ausdruck „nigga". Für Deutsche ist dieser Begriff ganz eindeutig negativ konnotiert und wird als absolut verletzend und rassistisch empfunden. Im Englischen kann dieser Begriff jedoch mittlerweile in keinster Weise mehr so deutlich eingeordnet werden und kann positiv, negativ oder sogar neutral verwendet werden (vgl. Smitherman, 2000, S. 362). Was wirklich gemeint ist, erschließt sich nur aus dem Kontext. So wäre beispielsweise „That´s my nigga" positiv gemeint, „I´m not a house nigga[4]" negativ gemeint, und „Whadup (What`s up) nigga" wäre eher neutral zu verstehen. Allerdings müssten dann auch noch Faktoren wie Intonation oder ethnische Zugehörigkeit der Sprecher berücksichtigt werden. So ist es für Weiße in den meisten Fällen immer noch tabu, einen Schwarzen „nigga" zu nennen, während es durchaus sein kann, dass sich Weiße gegenseitig als „nigga" bezeichnen, und dies positiv oder neutral meinen. Man denke nur an den bekannten Film „Kids" von Larry Clark, in dem sich weiße Jugendliche dauernd auf diese Weise anreden. Auch Begriffe wie „bitch", „muthafucka" oder „shit", können auf vielerlei Weise gemeint sein, was

---

[4] Der Begriff „house nigga" bezieht sich auf die Zeit der Sklaverei. Die Haussklaven waren oftmals privilegiert und wurden von den anderen Sklaven als zu loyal gegenüber ihrem Besitzer angesehen, weshalb sie wenig geschätzt wurden. Ein bekanntes Synonym wäre auch „Uncle Tom" (siehe urbandictionary.com)

einen Übersetzer, der mit AAE keine Erfahrungen hat, vor große Schwierigkeiten stellen kann. So ist auch die Synchronautorin/regisseurin Nadine Geist, die auf „schwarze" Filme spezialisiert ist, der Meinung, „Die schwarze Szenesprache ist derart codiert, dass man immer hinterfragen muss, was wollen die Leute eigentlich sagen", und dass Wörter wie „shit" „hundertfünfzig Bedeutungen haben können" (www.goethe.de).

Smitherman nennt AAE ebenfalls „coded form of English". Für sie ist AAE eine Art Geheimsprache, die es den Sklaven ermöglichen sollte, Inhalte zu chiffrieren, damit sie von den Sklavenhaltern nicht verstanden wurden (vgl. Smitherman, 1998, S.222).

2.2.5 Phonetik

Auch wenn Afroamerikaner grammatikalisch korrektes Standardenglisch sprechen und keine AAE-Begriffe verwenden, lässt sich oft dennoch allein an der Aussprache und Sprechweise erkennen, dass es sich um Schwarze handelt (vgl. Bailey und Thomas, 1998, S.103). Sieht man sich z.B. den Zeichentrickfilm „Der König der Löwen" auf Englisch an, fällt einem sofort auf, dass die Anführerin der Hyänen von einer Schwarzen (Whoopi Goldberg) gesprochen werden muss. Was genau jemanden jedoch „schwarz" klingen lässt, soll im Folgenden genauer betrachtet werden.

Das am häufigsten untersuchte phonetische Merkmal dieser sprachlichen Varietät ist die sogenannte *Final Consonant Cluster Reduction.* So werden beispielsweise die Worte „test" oder „kind" von AAE-Sprechern als „tes" oder „kin" ausgesprochen. Jedoch gibt es bei der *Cluster Reduction* einige Regeln zu beachten, denn nicht alle Konsonantenpaare am Wortende werden verkürzt. So kommt es zunächst darauf an, ob die Konsonanten stimmhaft (wie *p,t,k,s,f*) oder stimmlos (wie *b,d,g,z,v,l,m,n*) sind. Nur Kombinationen von zwei betonten oder zwei unbetonten Konsonanten werden reduziert. So fällt beim Wort „wasp" das *p* weg, während das *g* in „sing" beibehalten wird. Des Weiteren muss darauf geachtet werden, ob an das Wort ein Suffix angehängt wird. *Cluster, die* vor einem Suffix stehen, das mit einem Konsonant beginnt, werden öfter verkürzt als vor Suffixen, die mit einem Vokal beginnen. Auch wenn das Folgewort mit einem Vokal beginnt, wird eine *Cluster Reduction* unwahrscheinlicher. Sogar die Pluralbildung wird durch die Verkürzung eines Konsonantenpaares beeinflusst, so ist z.B. der Plural des verkürzten Wortes „tes" auch „teses". Die *Cluster Reduction* findet sich auch in anderen amerikanischen Varietäten, sie könnte aber dennoch ein Indiz für die afrikanischen Wurzeln des AAE sein, da es in westafrikanischen Sprachen keine

Konsonantenpaare am Wortende gibt (vgl. hierzu insgesamt Green, 2002, S.107-116; Rickford, 1999, S.4).

Auch das Wegfallen des *-r* am Wortende könnte ein Hinweis auf den Einfluss westafrikanischer Sprachen sein. Vor allem die Sprech- oder Schreibweise von „more" als „mo´" findet sich oft, man denke an den Hit „mo´ money mo´ problems" von Biggie Smalls.

Auch am Wortanfang kann verkürzt werden, so kann eine unbetonte Silbe am Wortanfang weggelassen werden. Besonders die Aussprache von „about" als „´bout", wie in „tell me ´bout that", hört man im AAE oft.

Ein weiteres wichtiges phonetisches Merkmal ist das Vermeiden des „th" im AAE. Zunächst muss jedoch unterschieden werden, denn es gibt im Englischen zwei „th", die gleich geschrieben, aber unterschiedlich gesprochen werden. Das stimmhafte „th", wie beispielsweise in dem Wort „them", wird im AAE wie ein *d* ausgesprochen, also „dem". Dies ist jedoch keine allzu auffällige Veränderung. Beim stimmlosen „th", wie beispielsweise in „with", findet eine deutlichere Transformation statt. Dieses „th" wird nämlich wie ein *f* oder manchmal wie ein *v* ausgesprochen, so dass „with" zu „wif" oder „bath" zu „baf" wird. Allerdings ist dies nicht der Fall, wenn das stimmlose „th" am Wortanfang kommt, wie bei „think" (vgl. Rickford, 1999, S.4).

Ebenfalls ein wichtiges Charakteristikum ist die Verkürzung des Suffixes „-ing" zu „in´". So wird z.B. „drinking" als „drinkin´" ausgesprochen. Diese Verkürzung findet jedoch auch in anderen Varietäten und manchmal auch in der Umgangssprache statt (vgl. Green, 2002, S. 121f).

„It`s a black thang" ist in Amerika ein bekannter Ausspruch, in welchem ein weiteres signifikantes Merkmal enthalten ist, das jemanden als AAE-Sprecher kennzeichnet. Endet ein Wort auf „ing" oder „ink", wird dies von AAE-Sprechern oft als „ang" oder „ank" ausgesprochen. So wird „thing" zu „thang" oder „drink" zu „drank" (vgl. Smitherman, 2000, S.274). Auch in Südstaatendialekten, die AAE von allen Dialekten am ähnlichsten sind, gibt es diese Veränderung manchmal.

Weitere Merkmale sollen hier nicht näher behandelt werden, da diese oft ebenso charakteristisch für andere Dialekte sind und daher nicht unbedingt als typisch „schwarz" angesehen werden, oder da diese zu selten vorkommen[5]. Die oben beschriebenen Charakteristika sind sicherlich die typischsten phonetischen Merkmale des AAE

---

[5] Für eine umfassende Liste sämtlicher phonetischer AAE-Merkmale siehe:
www.rehabmed.ualberta.ca/spa/phonology/features.htm

und besonders Ausdrücke wie „thang" werden von Afroamerikanern in Filmen sehr häufig verwendet, um besonders „schwarz" und glaubwürdig zu klingen.

Doch nicht nur die abweichende Aussprache einzelner Wörter kann eine Person als AAE-Sprecher kennzeichnen, auch Suprasegmentalia tragen dazu bei, dass jemand „schwarz" klingt. Dazu gehören vor allem Intonation und Betonung. Wolfram/Fasold und Rickford waren bereits in den Siebzigern davon überzeugt, dass Schwarze, die kein AAE sprechen, nur anhand der Intonation, also anhand der Modulation der Stimme, ethnisch zugeordnet werden können. Allerdings ist dieser Umstand laut Green bis heute noch nicht ausreichend erforscht worden. Worin jedoch Einigkeit besteht, und was auch Nicht-Muttersprachlern auffällt, ist die Tatsache, dass schwarze Sprecher oft eine wesentlich größere „pitch range" haben als Weiße. Das heißt, das Spektrum ihrer Stimme ist wesentlich breiter und ihre Stimmlage schwankt vielmehr zwischen Höhen und Tiefen. Vor allem im erregten Zustand geht die Stimme in hohe Lagen und verfällt oft ins Falsett. Laut Green wird diese für Afroamerikaner typische Intonation oftmals fälschlicherweise als Aggressivität oder Indignation missinterpretiert (vgl. insgesamt Green, 2002, S.124-132).

Auch die Betonung mancher Wörter weicht im AAE vom Standard ab, so wird bei Worten wie „police" oder „Detroit" die erste Silbe betont, also „POlice" und „DEtroit" (vgl. Rickford, 1999, S.5). Dies geschieht jedoch nur bei einigen wenigen Wörtern und wie die anderen phonetischen Merkmale betrifft dies die Synchronisation nur indirekt, was in 2.4.5 noch genauer erläutert wird.

2.2.6 Syntax

Auch was die Syntax angeht, verfügt AAE über einige distinktive Merkmale. Gerade was die Grammatik angeht, kann bei Menschen, die sich mit diesem Dialekt nicht beschäftigt haben, leicht der Eindruck entstehen, dass es sich einfach um falsches Englisch handelt, das auf geringe Bildung zurückzuführen ist. Sätze wie „I walks to school the other day..." oder „they is eating..." hören sich zunächst schlichtweg inkorrekt an. Allerdings handelt es sich bei der AAE-Grammatik um ein logisch aufgebautes, teilweise sehr nuanciertes System, das genau wie Standardenglisch festen Regeln folgt. Somit erfüllt AAE neutral betrachtet die gleichen Anforderungen an eine Sprache wie Standardenglisch.

2.2.6.1 Aspectual Markers

Die erste Eigenheit der AAE-Syntax, die untersucht werden soll, sind die sogenannten *Aspectual Markers*. Durch diese können bedeutungstechnische Feinheiten in einer Weise ausgedrückt werden, wie es in der Standardsprache so nicht möglich ist. Der erste Marker, der besprochen werden soll, ist das sogenannte *habitual be*. Ein Beispielsatz, in dem dieser Marker enthalten ist, wäre „Dave *be* runnin´ in the park", was nicht das gleiche bedeutet wie „Dave is running in the park". Durch den Marker „*be*" (manchmal auch „*bes*") wird ausgedrückt, dass eine Aktivität regelmäßig ausgeführt wird. Er drückt also Gewohnheiten oder übliche Zustände aus, was bedeuten würde, dass Dave regelmäßig im Park joggen geht. *Habitual be* kann nicht nur vor Verben, sondern auch vor Adjektiven, Nomen, Präpositionen, Adverbialen oder dem Marker *dən* verwendet werden. So wäre ein weiterer Beispielsatz „He *be* at school", was bedeutet, dass besagte Person normalerweise in der Schule ist. Ist dieser Satz nun die Antwort auf die Frage „Where is John?", kann dies leicht zu Konfusionen führen, wenn der Fragesteller nicht mit dem Konzept des *habitual be* vertraut ist. Er weiß dann nämlich nicht, ob John nun jetzt gerade in der Schule ist oder ob er nur normalerweise dort ist. Daher sind hier Missverständnisse vorprogrammiert. Dieser Marker gilt als sehr charakteristisch für AAE, weshalb er in Filmen wie z.B. Fresh manchmal beinahe schon inflationär verwendet wird. Allerding gibt es diesen Marker auch im Hiberno Englisch, das in Irland gesprochen wird und in „weißen" Dialekten, die in North und South Carolina gesprochen werden, was die Frage nach einem gemeinsamen Ursprung nahelegt (vgl. Green, 2002, S.47-54; Rickford, 1999, S.6).

Der nächste Marker, der untersucht werden soll ist *BIN*, das wie ein betontes „been" gesprochen wird. Dieser Marker kann auf drei verschiedene Arten verwendet werden. Zunächst kann *BIN + Verb* ausdrücken, dass eine Aktivität seit einer langen Zeit ausgeführt wird, oder dass ein Zustand seit einer langen Zeit Bestand hat. Dazu muss *BIN* mit einem Verb in der „-ing" Form kombiniert werden. Ein Beispiel wäre der Satz „He *BIN* runnin´", was im Standardenglischen „He has been running for a long time" bedeuten würde. Wird *BIN* mit einem Verb verwendet, das einen Zustand ausdrückt, dann kann dieses in der -ing Form oder in der Vergangenheitsform stehen; also „I *BIN* knew that" oder „I *BIN* knowing that", was beides bedeutet, dass man etwas seit langer Zeit weiß. Hier folgt die AAE-Grammatik ebenfalls ihren eigenen Regeln, da man im Standardenglischen „I have been <u>knowing</u> that" nicht sagen kann.

Als nächstes kann *BIN* ausdrücken, dass man eine Gewohnheit vor einer langen Zeit aufgenommen hat und dieser immer wieder nachgeht. Bei dieser Verwendungsweise muss auf das *BIN* immer eine „-ing" Form folgen. So könnte das oben erwähnte „He *BIN* runnin'" auch bedeuten „He started running some time ago and still runs from time to time".

Als letztes kann *BIN* noch bedeuten, dass eine Handlung vor einer langen Zeit abgeschlossen wurde, dazu muss es jedoch immer mit einer Vergangenheitsform kombiniert werden. Ein Beispiel wäre „He *BIN* ate", was bedeutet „He ate a long time ago" (vgl. insgesamt Green, 2002, 54-60).

Obwohl die drei Verwendungsweisen auf den ersten Blick recht unterschiedlich zu sein scheinen, so spielt doch die Zeitkomponente bei allen drei eine entscheidende Rolle. Es soll immer betont werden, dass es sich um eine lange Zeitspanne handelt.

Der nächste Marker, der untersucht werden soll, ist *dən*. Diesem folgt immer ein Verb in der 1.Vergangenheitsform und er entspricht in etwa dem *present perfect simple*. Mit *dən* wird also ausgedrückt, dass ein Vorgang in der jüngeren Vergangenheit abgeschlossen wurde und für die Gegenwart noch relevant ist. Ein Beispiel wäre „I *dən* changed", was bedeutet „I have changed" (vgl. Labov, 1998, S. 253). *Dən* wird selten mit Verben verwendet, die einen Zustand bezeichnen. Außerdem kann dieser Marker mit den Marken *BIN* und *be* kombiniert werden. *Dən be* drückt aus, dass etwas üblicherweise bereits vorbei ist, z.B. „When they show it in the news, we *dən be* heard it". Mit *BIN dən* wird ausgedrückt, dass etwas vor langer Zeit abgeschlossen wurde. Die Bedeutung ist also die gleiche wie bei *BIN* + -ed, das *dən* hat nur eine emphatische Funktion (vgl. Green, 2002, S.66/67).

Diese Marker sind keine Hilfsverben, was man daran erkennt, dass sie bei Fragen nicht an den Anfang des Satzes gestellt werden können. „*Be* Dave runnin'?" ist also falsch, es muss heißen „**Do** Dave be runnin'?". Bei Fragen und zur Betonung werden Hilfsverben verwendet, bei *be* wird „do" verwendet, bei *BIN* und *dən* wird „have" verwendet. (vgl. Labov, 1998, S. 253; Green, 2002, S. 68)

2.2.6.2 Allgemeine syntaktische und morphosyntaktisch Merkmale

Was die die allgemeine Grammatik angeht, unterscheidet sich AAE in vielen Bereichen vom Standardenglisch. Zunächst einmal soll der Umgang mit Verben genauer betrachtet werden. Ein bereits erwähntes AAE-Merkmal ist die sogenannte *copula abscence*, was bedeutet, dass im *present simple* und im *present progressive* die flektierten Formen von „to be" entfallen. Beispiele wären „He at work", oder „He workin'". Nur in der 1.Person Singular und in der 3.Person Neutrum Singular muss die entsprechende Form von „to be" verwendet werden. Dieses Merkmal ist sehr charakteristisch für AAE. Des Weiteren wird bei Verben meist nicht zwischen Singular und Plural unterschieden, so heißt es „They is eatin'" und „He work all the time" (vgl. insgesamt Rickford, 1999, S. 6f). Allerdings kann das *verbal -s* in narrativen Aussagen verwendet und dann beispielsweise auch an die 1.Person angehängt werden (vgl. Green, 2002, S.100). Ein weiterer Unterschied zur Standardsprache ist die Tatsache, dass das *past participle* normalerweise nicht verwendet wird, weder im *present perfect* noch im *past perfect*. Es wird stattdessen die 1.Vergangenheitsform genommen. Außerdem wird das Hilfsverb „have" im *present perfect* nur emphatisch verwendet und das *past perfect* kann auch verwendet werden, wenn keine Vorvergangenheit ausgedrückt werden soll, was als *preterite had* bezeichnet wird. Auch was das Futur betrifft, gibt es im AAE Unterschiede. Im *will future* wird „'a" verwendet, also „He'a help me"; „will" wird nur dann genommen, wenn das Verb betont werden soll. Beim *going to future* wird in der 1.Person „'ma" verwendet, also „I'ma eat something"; bei den anderen Personen wird „gon" verwendet, also „He gon eat something". Dieses ist nicht identisch mit dem kolloquialen „gonna".

Die Verneinung ist grundsätzlich wie im Standardenglisch, allerdings kann auch das Hilfsverb „ain't" verwendet werden. Dieses zeigt jedoch keine bestimmte Zeit an. Daher muss das Hauptverb in der Vergangenheitsform stehen, wenn Vorzeitigkeit ausgedrückt werden soll, also „He ain't ate nothin'". Wenn es im *going to future* verwendet werden soll, muss ein „gon" ergänzt werden, also „He ain't gon eat nothin'".

In diesen zwei Beispielen ist auch ein weiteres AAE-Merkmal enthalten, nämlich die doppelte Verneinung. Diese kommt zwar auch in anderen englischen Varietäten vor, allerdings gibt es im AAE sogar multiple Verneinungen (vgl. Martin & Wolfram, 1998, S.17-24). Ein Beispiel wäre der Satz „Don't nobody don't know God can't tell me nothin'", was im Standardenglischen "Somebody who does not know God can't tell me anything" heißen würde (vgl. Smitherman, 2000, S.22). Diese grammatikalische Erscheinung kann bei Menschen, die AAE nicht kennen, sicherlich leicht Verwirrung stiften.

Im obrigen Beispiel lässt sich auch erkennen, dass im AAE nicht unbedingt ein Relativ-pronomen verwendet werden muss, während dies im Standardenglischen nur manchmal der Fall ist, z.B. bei „This is the man (who) I told you about" (vgl. Green, 2002, S.90).

Auch der Genitiv unterscheidet sich im AAE. So wird ein Genitiv meistens nicht mit einem -s

markiert. Ein Beispiel wäre „This is my mama house" (vgl. Rickford, 1999, S.7). Dies ist ebenfalls ein sehr auffälliges Merkmal, dass auch Nicht-Amerikanern sicher sofort auffällt.

Abschließend soll noch die Bildung von Fragen analysiert werden. Wird ein Satz mit einem *Verbal Marker* als Frage formuliert, dann muss wie bereits erwähnt, ein Hilfs-verb ergänzt werden. Es ist allerdings im AAE viel häufiger als im Standardenglisch der Fall, dass *non-inverted questions* verwendet werden. Das bedeutet, der Aussage- und der Fragesatz sind vom Wortlaut identisch und die Frage wird nur durch Intonation als solche gekennzeichnet. Dies ist sogar bei *Wh-questions* möglich, was im Standardengli-schen nicht der Fall ist. Ein Beispiel wäre „What y´all doing?", was im Standardengli-schen „What are you all doing?" heißen würde (vgl. Martin & Wolfram, 1998, S. 29).

Es gibt noch weitere grammatikalische Eigenheiten im AAE, diese sollen jedoch nicht genauer betrachtet werden, da die wichtigsten Merkmale besprochen wurden, und da die Syntax wie die Phonetik bei der Synchronisation nur indirekt eine Rolle spielen. Dennoch konnten diese Bereiche nicht ganz ausgeklammert werden, da die englischen Filmstellen sonst nicht analysiert werden könnten.

2.2.7 Kommunikative Praktiken

Bei Diskussionen darüber, was AAE vom Standardenglisch unterscheidet, wird den oberflächlichen phonetischen und grammatikalischen Unterschieden oftmals zu viel Beachtung geschenkt (vgl. Martin & Wolfram, 1998, S.16). Die wirklichen Unterschie-de sind wesentlich tiefgehender und betreffen die Art wie Sprache verwendet wird. In Afrika wird der Kraft des Wortes eine existenzielle Bedeutung zugesprochen, dieses Konzept trägt dort den Namen „Nommo". So ist ein neu geborenes Kind lediglich ein Ding, bis es einen Namen bekommt, da Worte als treibende Kraft im Leben verstanden werden (vgl. Smitherman, 2000, S.203). Dies klingt zunächst erstaunlich, da Afrikaner vor allem früher, aber auch heute noch oft als Wilde dargestellt werden, die nur wenig Intellekt besitzen und eher ihren tierischen Instinkten folgen. Das gleiche Vorurteil herrschte lange Zeit auch über die Afroamerikaner, die der „weißen Herrenrasse" gegenüber als unterlegen erachtet wurden, besonders in intellektueller Hinsicht[6]. Doch auch in der Kultur der Afroamerikaner ist die Macht der Worte von entscheidender Bedeutung. Dieser Gedanke ist zusammen mit den verschleppten Sklaven nach Amerika gekommen und dort unter ihren Nachfahren immer noch präsent, was sich beispielsweise daran erkennen lässt, dass der Ausspruch „word" oder „word up" unter Afroamerikanern sehr geläufig ist. Kompetenz im Umgang mit Worten kann einem Individuum zu Ansehen in der schwarzen Gemeinde verhelfen, was in der „weißen" Kultur hauptsächlich durch Statussymbole geschieht. „Black talk is never meaningless cocktail chit-chat but a functional dynamic [...] and a vehicle for achieving group recognition" (Smitherman, 2000, S.61). So gibt es eine Reihe kommunikativer Praktiken, die charakteristisch für die afroamerikanische Kultur sind, und mit denen in meist kompetitiver Weise soziales Ansehen innerhalb einer Gruppe erreicht wird.

Die erste Sprachpraktik ist das sogenannte *Signifyin'*. Hierbei geht es darum, sich über sein Gegenüber lustig zu machen und dabei eine möglichst große Virtuosität im Umgang mit Worten an den Tag zu legen. Es geht nicht unbedingt darum, den anderen direkt zu beleidigen, sondern sich mit Hilfe von Ironie und Metaphern und am besten in Reimform indirekt über ihn lustig zu machen (vgl. Smitherman, 2000, S.26 & 204). Auch die Androhung von körperlicher Gewalt, die dabei oft eine Rolle spielt, ist nicht wörtlich zu nehmen, es geht lediglich darum wer großspuriger und wortgewandter angeben kann. Dieses Konzept wird *Woofin'* genannt. Prahlerei und Angeberei („braggadocio" genannt) sind also in der afroamerikanischen Kultur eher spielerisch gemeint und werden völlig anders interpretiert als in der Kultur der Europäer und europäischen Amerikaner, in der dies mit Arroganz gleichgesetzt und als unsympathisch empfunden wird. Ein Meister des *Signifyin'* und *Woofin'* war Muhammad Ali, der mit Sprüchen wie „I'm not the greatest; I'm the double greatest. Not only do I knock 'em out, I pick the round" oder „ I'll be floating like a butterfly and stinging like a bee" (www.brainyquote.com) die Schwarzen zu Begeisterungsstürmen hinriss, während er von vielen Weißen als zu arrogant empfunden wurde, da sie das Konzept des *Signifyin'* nicht verstanden haben. Doch gerade diese fehlende Zurückhaltung und das überhöhte Selbstverständnis ermöglichten auch kritische Äußerungen zur US-Gesellschaft, die von weißen Prominenten nicht zu hören waren; so sagte er z.B. über den Vietnamkrieg „No, I'm not going 10,000 miles from home to help murder and burn another poor nation

---

[6] So schrieben weiße Wissenschaftler Dinge, wie „The convolutions in the negro brain are less numerous and more massive than in the European… the black is a child…the natives of Guinea are at a grave disadvantage in comparison with the Caucasians" (Smitherman, 2000, S.73).

simply to continue the domination of white slave masters of the darker people" (en.wikiquote.org).

Eine etwas explizitere Form des *Signifyin'* ist das sogenannte *Playin' the Dozens*. Woher diese Bezeichnung kommt, ist nicht ganz geklärt, wahrscheinlich stammt sie noch aus Zeiten der Sklaverei. Hier geht es darum, in teils anzüglicher Weise Familienmitglieder des Gegenübers zu beleidigen. Meist sind dabei Zuhörer zugegen, die ein Feedback geben und den Gewinner küren. Die verbale Auseinandersetzung beginnt, wenn jemand auf eine Äußerung reagiert, indem er ein Familienmitglied, meist die Mutter, des Anderen ins Spiel bringt, z.B. „You can't cook!" – „Yo momma!". Auch wenn so etwas in unseren Ohren ungewöhnlich klingt, da das Beleidigen der Familie in unserer Kultur als sehr unangebracht gilt, so ist *the Dozens* in der afroamerikanischen Kultur von rein zeremoniellem Charakter und die Kontrahenten haben keine körperlichen Schäden zu erwarten. Sie befinden sich in einer „safe zone", wie Smitherman es ausdrückt. Der Sinn dieser verbalen Auseinandersetzungen ist es nämlich, seinen Frust loswerden, ohne jemanden körperlich zu schädigen, was durchaus ein sinnvoller Gedanke ist (vgl. hierzu insgesamt Smitherman, 2000, 223-30). Da *Signifyin'* und *Playin' the Dozens* manchmal auch ineinander übergehen können, werden sie von manchen Autoren, wie Green, als *Snaps* zusammengefasst.

Eine andere afroamerikanische Tradition ist das sogenannte *Toastin'*. Dies ist eine Art Loblied auf einen meist fiktiven Charakter, der z.B. großen Erfolg beim weiblichen Geschlecht hat. Auch hier spielen Hyperbeln eine entscheidende Rolle (vgl. Green, 2002, S.137). Muhammad Ali kann auch hier als gutes Beispiel herangezogen werden, denn er verfasste auch *Toasts* auf sich selbst. Der Bekannteste ist wohl der, den er vor dem Kampf gegen Sonny Liston 1963 verfasste, und in dem es beispielsweise heißt: „Now Clay [bürgerlicher Name Alis; Anm. d. Verf.] lands with a right; what a beautiful swing, and the punch raises the Bear [Liston] clean out of the ring" (en.wikiquote.org).

Besonders in der Hip Hop-Kultur spielen die oben genannten Praktiken eine entscheidende Rolle. Somit hat auch die oftmals verteufelte Rapmusik einen nicht zu leugnenden kulturellen Hintergrund, da sich in ihr oftmals alle Sprachpraktiken des AAE vereinen. Auch beim Rappen geht es darum, sich mithilfe von Worten zu profilieren und so Ansehen zu erlangen. Auch hier würde also ein besseres Verständnis der afroamerikanischen Kultur Missverständnissen vorbeugen.

Doch nicht nur in der säkularen Welt spielen kommunikative Praktiken eine große Rolle, auch in der schwarzen Kirche sind diese von großer Bedeutung. So muss ein schwarzes Kirchenoberhaupt über eine große verbale Kompetenz verfügen und es ist allgemein bekannt, dass schwarze Gottesdienste wesentlich lebendiger und leidenschaftlicher sind, als dies in anderen Kirchengemeinden der Fall ist. Die Messe ist wesentlich informeller und von den Zuschauern kommen oftmals laute Zwischenrufe. Dies nennt sich *Call & Response* und ist ebenfalls ein essentieller Bestandteil der afroamerikanischen Kommunikation. Sagt der Reverend etwas, das im Publikum auf allgemeine Zustimmung stößt, wird diese lautstark Kund getan. Meist werden dabei Dinge wie „Tell it to us Rev" oder „Praise the Lord" gerufen. Und auch außerhalb der Kirche ist *Call & Response* ein wichtiger Bestandteil sprachlicher Interaktionen, so dass es nicht üblich ist, einfach still zuzuhören, wie es in unserer Kultur als angebracht gilt (vgl. insgesamt Smitherman, 2000, S.64).

2.2.8 Das Image von AAE in der heutigen US-Gesellschaft

Im Dezember 1996 entschied die Schulbehörde von Oakland, Kalifornien, *Ebonics* (eine andere Bezeichnung für AAE, die sich aus „ebonies" und „phonics" zusammensetzt) als eigene Sprache anzuerkennen, um so besser auf die besonderen Bedürfnisse schwarzer Kinder eingehen zu können, die dann wie bilinguale Sprecher behandelt würden. Afroamerikanische Kinder schnitten in der Schule erheblich schlechter ab als weiße, und besonders ihre Lesefertigkeiten waren unterdurchschnittlich. Auch machten sie 71% der Förderklassen aus. Da die rassistische Annahme, dass eine genetische Disposition der Grund hierfür sein könne, in der Wissenschaft schon lange nicht mehr präsent war, musste der Grund für ihre schlechten Leistungen, besonders beim Lesen, die Tatsache sein, dass sie mit AAE aufgewachsen sind. Daher hielt man es für förderlich, wenn die Kinder in ihrer „Muttersprache" unterrichtet werden, und ihnen auf diese Weise Standardenglisch näher gebracht wird, da man glaubte, dies sei produktiver, als einfach weiterhin zu versuchen, den Kindern AAE auszutreiben. Auch zusätzliche Fördermittel würden für die Unterrichtung bilingualer Schüler zur Verfügung gestellt werden (vgl. insgesamt Smitherman, 2000, S. 150/151; Green, 2002, S. 222). Die *Linguistic Society of America,* eine professionelle Vereinigung von über 5000 Linguisten, unterstützte den Beschluss der Schulbehörde (vgl. www-personal.umich.edu).

Allerdings war die Reaktion der breiten Öffentlichkeit eine gänzlich andere. Die Entscheidung löste eine landesweite Kontroverse über den Status von AAE aus und machte deutlich, wie wenig viele Amerikaner die Sprache ihrer afroamerikanischen Mitbürger schätzten. Auch die sogenannte „English Only" Kampagne bekam dadurch zusätzlichen Aufschwung[7] (vgl. Smitherman, 2000, S. 150/151). Obwohl die Legitimität von AAE in der Wissenschaft schon lange außer Frage stand, war AAE in den Augen der Öffentlichkeit oft immer noch Straßenslang oder inkorrektes Englisch, das im Klassenzimmer nichts verloren hat (vgl. Green, 2002, S.218). Die Reaktionen der Medien, deren Berichte in manchen Fällen einen beinahe rassistischen Ton annahmen, und Kommentare im Internet lassen hieran keinerlei Zweifel[8]. Der öffentliche Druck führte dazu, dass die Schulbehörde den Wortlaut ihres Beschlusses teilweise änderte.

Doch nicht nur Weiße hatten und haben immer noch oft eine schlechte Meinung über AAE. Auch viele Afroamerikaner halten AAE für hinderlich auf dem Weg zur Gleichstellung der Schwarzen. So sind beispielsweise einflussreiche schwarze Führer wie Jesse Jackson, ein berühmter Politiker und Bürgerrechtler, der 2003 sogar für die Präsidentschaft kandidierte, oder Kweisi Mfume, Präsident der *National Association for the Advancement of Colored People*, der Meinung, Schwarze sollten lieber „korrektes" Englisch sprechen (vgl. Smitherman, 2000, S.321). Dadurch dass auch einflussreiche Schwarze AAE kritisierten, wurde das Image dieser Varietät noch weiter geschädigt. Auch der Fernsehstar Bill Cosby kritisierte AAE, das in seinen Augen lediglich die Sprache der Unterschicht ist, mit harschen Worten. So sagte er unter anderem: „They´re standing on the corner and they can´t speak English […] You can´t be a doctor with that kind of crap coming out of your mouth!" (vgl. www.papillonsartpalace.com). Obwohl all diese Menschen sicherlich gute Intentionen hatten, waren ihre Kommentare dennoch eher kontraproduktiv für den Kampf der Schwarzen um Respekt und Akzeptanz in der Gesellschaft.

Afroamerikaner, die den sozialen Aufstieg geschafft haben und eine wohlhabende schwarze Mittelschicht bilden, haben sich die Fähigkeit des *Code-Switching* angeeignet, was bedeutet, dass sie Standardenglisch beherrschen und jederzeit zwischen AAE und dem Standard wechseln können (vgl. Smitherman, 2000, S. 100). Der Grund, warum auch sie sich ihre „Muttersprache" bewahrt haben, ist die Tatsache, dass das Leben nicht nur in der Berufswelt stattfindet. Um in der schwarzen Gemeinde akzeptiert zu werden, ist es unabdingbar die dort gesprochene Sprache zu beherrschen, wie in 2.2.7 bereits beschrieben wurde. Diese Tatsache wurde von AAE-Gegnern wie Cosby

---

[7] Das Ziel dieser Kampagne, die große finanzielle Unterstützung erhält, ist es, den Status des Englischen als Landessprache zu stärken und möglichst alle anderen Sprachen aus dem öffentlichen Leben zu verbannen. Ein Beispiel wäre die Abschaffung von Wahlzetteln auf Spanisch (vgl. Smitherman, 2000, S.322-328)

[8] Auf der Website *wrt-intertext.syr.edu/vi/gregorio.html* findet sich ein guter Überblick über die Reaktion der Medien auf den Oakland-Beschluss

vollkommen ignoriert. AAE ermöglicht es den Afroamerikanern, unabhängig von Klasse oder regionaler Herkunft, Solidarität untereinander herzustellen und sich nach außen hin abzugrenzen (vgl. Baugh, 1999, S.5).

Gerade dieser Aspekt einer „Anti-Sprache" macht AAE auch für Mitglieder der Unterschicht mit einer anderen ethnischen Zugehörigkeit sehr attraktiv, so dass AAE immer mehr zum „dialect of choice" der Arbeiterklasse wird (vgl. Smitherman, 2000, S.108). Und auch bei jungen Menschen, die nicht afroamerikanischer Herkunft sind und von denen viele auch aus durchaus wohlhabenden Familien kommen, löst AAE und die Kultur der Schwarzen eine große Faszination aus. So ist z.B. Hip Hop zu einem der wichtigsten Musikgenres weltweit geworden, dessen Einfluss auch in verschiedensten anderen Musikrichtungen, wie Pop- oder Housemusik, zu spüren ist. Auch Filme und Serien, die das Leben der afroamerikanischen Unter- oder auch Mittelschicht porträtieren, haben schon lange den Sprung in die Mainstream-Kultur geschafft und werden von Millionen von Menschen gesehen. Daher kann auch der Einfluss der afroamerikanischen Sprache nicht mehr von der Hand gewiesen werden.

Es ergibt sich also die schizophrene Situation, dass AAE in der professionellen und in der öffentlichen Welt gering geschätzt und manchmal selbst von Schwarzen verdammt wird, während es gleichzeitig aus der Popkultur nicht mehr wegzudenken ist, und so Menschen auf der ganzen Welt erreicht. Das Anerkennen des kreativen Inputs der schwarzen Kultur geht jedoch mit einer gewissen Akzeptanz von AAE Hand in Hand, denn Kultur und Sprache gehören untrennbar zusammen, egal wie sehr sich Kritiker wie Jackson oder Cosby auch dagegen sträuben mögen. Und auch was die (konservativen) Medien betrifft, so sagen die herablassenden Kommentare über AAE auch viel über ihre Einstellung gegenüber den AAE-Sprechern aus. Denn wie der Autor Wolfgang Steinig bemerkte, ist die schlechte Meinung über einen Dialekt oft vielmehr eine schlechte Meinung über die Sprecher dieses Dialekts (1976, S.25).

2.3 Deutsche Varietäten als Möglichkeit der Übertragung von AAE

Da es sich bei AAE um eine informelle Sprechweise handelt, die bei öffentlichen Anlässen nicht verwendet wird und eher der gruppeninternen Kommunikation dient, wäre es unpassend, AAE-Sprecher in deutschen Synchronfassungen Hochsprache sprechen zu lassen. Daher sollen im Folgenden informellere Formen der deutschen Sprache untersucht werden, die für die Synchronisation von AAE dienlich sein könnten.

2.3.1 Umgangssprache

Was Umgangssprache genau ist, ist nicht wirklich eindeutig definiert, man könnte aber grob sagen, es handelt sich dabei um das Sprachkontinuum, das zwischen der Hochsprache und den Dialekten angesiedelt ist (vgl. Wernke, 1997, S.223). Im Norden Deutschlands ist die Umgangssprache näher an der Hoch-, oder Standardsprache, während sie im Süden stärker dialektal gefärbt ist, da hier die Dialekte noch mehr Prestige genießen (vgl. Eichhoff, 1997, S.186). Innerhalb der Umgangssprache gibt es zudem noch verschiedene Ebenen, z.B. verwenden verschiedene soziale Schichten oder verschiedene Altersgruppen verschiedene Formen der Umgangssprache. Umgangssprache ist also eine nicht genau bestimmbare Mischung aus Hochsprache, Dialekten und Soziolekten, die bei der alltäglichen ungezwungenen Kommunikation verwendet wird.

Daher wird auch in synchronisierten Filmen fast immer Umgangssprache gesprochen, allerdings muss hierbei darauf geachtet werden, dass diese möglichst frei von regionalen Konnotationen ist. Es gibt jedoch nur einige umgangssprachliche Merkmale, die dieses Kriterium erfüllen. Darunter wären unter anderem:

- Eine Apokope des unbetonten [ə] am Wortende: ich sag, ich mein
- Eine Apokope des [t] nach Frikitv: nich, er is
- Die Synkope einer Endsilbe mit einem [ə]: sie fingn
- Die Verkürzungen der Endsilbe „– ben" zu [m]: haben – ham
- Enklise: Anlehnung eines abgeschwächten Wortes an das vorhergehende: Aufm / fürs / gibt's (vgl. Schwitalla, 2003, S.39)

2.3.2 Deutsche Jugendsprache

Zunächst einmal ist es auch bei der Jugendsprache schwer einzugrenzen, was diese genau ist, da auch dieser Begriff recht breit verwendet wird. Sind Begriffe aus sogenannten Jugendwörterbüchern wie „Eierkocher" (Whirlpool) oder „Schnecken-TÜV" (Frauenarzt) wirklich Jugendsprache[9]? Ist ein Wort wie „geil" noch Jugend- oder bereits Umgangssprache? Sprechen alle Jugendlichen eine Sprache?

Man könnte Jugendsprache ganz grob als die Sprache bezeichnen, die präferentiell aber nicht ausschließlich von Jugendlichen und jungen Erwachsenen verwendet wird. Dabei handelt es sich keineswegs um ein homogenes Gebilde, weshalb man nicht von der einen Jugendsprache sprechen kann (vgl. Neuland, 2008, S.25). Um die Sprache der

---

[9] Diese Begriffe stammen aus dem Langenscheidt Wörterbuch zur Jugendsprache 2010 (vgl. schnaberlack.de)

Jugend zu verstehen bringt es deshalb auch nichts, einfach eine Sammlung von möglichst lustig klingenden Wörtern zusammenzustellen, wie es viele große Verlage machen, da bei der Verwendung von „jugendsprachlichen" Vokabeln unzählige Variablen wie beispielsweise Kleinstadt, Dorf oder Großstadt; München oder Berlin; Hip Hop oder Rockszene; Unter- oder Oberschicht; deutsch oder ausländisch, usw. eine Rolle spielen. Außerdem klingen viele Begriffe aus diesen Wörterbüchern schlichtweg frei erfunden, und die Jugendsprache wirkt wesentlich harmloser als sie in Wirklichkeit meistens ist.

Es trifft dennoch zu, dass Jugendsprache hauptsächlich auf Ebene der Lexik funktioniert, während die Grammatik größtenteils der Standard-, bzw. Umgangssprache entspricht[10]. Und auch wenn es bei den verwendeten Begriffen viele Unterschiede geben mag, so gibt es dennoch auch einige übergreifende Merkmale, die es ermöglichen, Jugendsprache überhaupt als solche wahrzunehmen und von der allgemeinen Umgangssprache zu unterscheiden. Ein zu beobachtendes Merkmal sind Neosemantismen, was bedeutet, dass ein Wort aus der Standardsprache entnommen und mit einer neuen Bedeutung versehen wird (vgl. Borchert, 2006, S.72; und Neuland, 2006, S. 14). Ein Beispiel wäre z.B. das Wort „Schnecke" als Bezeichnung für ein hübsches Mädchen. Dabei ist es oft nicht mehr nachzuvollziehen, wie es zu dieser Umdeutung gekommen ist, und warum z.B. der Ausdruck „steiler Zahn" ein Mädchen bezeichnet.

In dieser Hinsicht weist die Jugendsprache interessante Parallelen zum AAE auf, in dem, wie bereits erläutert, ebenfalls Worte aus der Standardsprache mit einer neuen Bedeutung versehen werden. Auch die *Semantische Inversion*, die charakteristisch für AAE ist, findet man in der deutschen Jugendsprache in einigen Fällen, wie z.B. bei den Worten „brutal", „geil", „krass" oder „Scheiß". Der Grund für diese Ähnlichkeit ist wohl die Tatsache, dass hinter beiden Sprachsystemen ähnliche Intentionen stecken. Erstens will man Außenstehenden das Verständnis erschweren, und zweitens will man die Zugehörigkeit zu einer bestimmten Gruppe signalisieren und sich gegenüber anderen Gruppen abgrenzen. Während sich die Afroamerikaner von der Kultur der Weißen abgrenzen wollen, um somit ihre eigene Identität zu betonen und auch einen gewissen Zusammenhalt zu demonstrieren (vgl. Green, 2002, S.19), ist es in unserem Land besonders in der Jugend wichtig zu einer bestimmten Gruppe zu gehören oder sich

---

[10] Beispielsweise verschwindet der Genitiv immer mehr, doch dies ist ebenso charakteristisch für die allgemeine Umgangssprache und nicht jugendspezifisch.

mit einer bestimmten Szene (Hip Hopper, Punk, Skater, usw.) zu identifizieren, und sich vor allem gegenüber älteren Generationen abzugrenzen.

Auch die Verwendung von Tabuwörtern oder Vulgärsprache dient deutschen Jugendlichen dazu, ältere Menschen in gewisser Weise vor den Kopf zu stoßen und sich so von ihnen abzugrenzen (vgl. Borchert, 2006, S.10). Ob dies auch auf Afroamerikaner zutrifft, kann hier nicht wirklich beurteilt werden, da dem Autor keine fundierten Informationen darüber vorliegen, dass AAE-Sprecher obszöner reden als andere Amerikaner, auch wenn dieses Vorurteil sicherlich besteht. Allerdings kann nicht geleugnet werden, dass in Raptexten erheblich mehr Schimpfwörter vorkommen als es in jeder anderen Musikrichtung der Fall ist, und dass in Filmen, in denen AAE gesprochen wird, oftmals Schimpfwörter im Sekundentakt fallen. Somit könnte man sagen, dass diese Analogie zur deutschen Jugendsprache zumindest in der fiktionalen Filmwelt existiert. Auch wenn es in der Wirklichkeit anders aussehen mag, so ist dies doch zumindest für die Synchronisation nicht unerheblich.

Auch die Tatsache, dass in der Jugendsprache Anglizismen in einem weitaus höheren Maße verwendet werden als in der Standardsprache, macht Jugendsprache für die Synchronisation von AAE durchaus interessant. Da Jugendliche viel im Internet surfen und sich in hohem Maße mit amerikanischer Popkultur beschäftigen, finden so auch viele englische Begriffe Einzug in die deutsche Jugendsprache, da ohnehin immer nach neuen Wörtern gesucht wird, und da die englische Popkultur bei uns einen sehr hohen Stellenwert genießt, was sich mit einem Blick in die Kino- oder Musikcharts erkennen lässt. Einige Beispiele für solche Anglizismen wären „haten" (neidisch sein), „biten" (nachahmen), „chillen" (sich entspannen), „dissen" (schlechtmachen) oder „posen" (angeben). Was interessant ist an diesen Begriffen, die derzeit wohl zu den beliebtesten Anglizismen bei deutschen Jugendlichen zählen[11], ist die Tatsache, dass alle in höchstem Maße charakteristisch für AAE sind. Dies erkennt man daran, dass sie in fast jedem Raplied zu hören sind, wohingegen man sie nie in einem Rocksong hören wird. Daraus könnte man schließen, dass amerikanischer Hip Hop, der gerade unter Jugendlichen sehr beliebt ist und auch von so gut wie allen deutschen Hip Hop-Künstlern nachgeahmt wird, einen nicht unerheblichen Einfluss auf die Jugendsprache hat. Neben Internetbegriffen wie „adden" (hinzufügen), „posten" (ins Netz stellen) oder „googlen" ist AAE

---

[11] Bei Aussagen über die derzeitige Situation der deutschen Jugendsprache folgt der Autor seiner sprachlichen Intuition, da er sich als Teil der Jugendkultur sieht, diese verfolgt, und Jugendsprache spricht. Auch lässt der ständige Umgang mit Heranwachsenden aufgrund der Tätigkeit als Nachhilfelehrer gewisse Aussagen über deren Sprache zu. Dennoch handelt es sich immer noch um subjektive Einschätzungen, da entsprechende Literatur nicht wirklich vorhanden ist.

sicherlich eine der Hauptbezugsquellen für modern klingende, prestigeträchtige Anglizismen. Natürlich werden, wie oben bereits erwähnt, nicht alle jugendlichen Gruppen
diese Worte benutzen, da z.B. Punks keine Anglizismen, die mit Hip Hop assoziiert
werden, verwenden werden, um es überspitzt zu sagen. Jedoch handelt es sich hierbei
eher um Ausnahmen und eine allgemeine Fixierung der Jugend auf Amerika lässt sich
in keinem Falle leugnen. Egal ob Skater, Breaker, Hip Hopper, Tänzer, Girly, Emo,
Rocker oder Ähnliches, in fast jeder Szene spielen amerikanische Einflüsse eine große
Rolle. Und man könnte durchaus behaupten, dass AAE dabei sogar die Hauptrolle
spielt.

Doch nicht nur die englische Sprache hat einen Einfluss auf die deutsche Jugendsprache. In den letzten paar Jahren kam es in der deutschen Jugendsprache zu einem Trend,
dessen Ausmaß von vielen Autoren, die sich mit Jugendsprache beschäftigt haben, nicht
wirklich erkannt wurde, da es doch schwer ist, sich als Außenstehender (Erwachsener)
ein Bild von der Jugendkultur zu machen. Das sogenannte „Kanakendeutsch" oder das
deutsche Pendant, die sogenannte „Atzensprache", die sich hauptsächlich durch Rapper
aus der Hauptstadt, wie z.B. Bushido, Massiv, Frauenarzt oder Konsorten, verbreitet
haben, finden vor allem bei Jugendlichen mit Migrationshintergrund oder Jugendlichen
aus niedrigen sozialen Schichten großen Anklang und nehmen ebenfalls großen Einfluss
auf die deutsche Jugendsprache. Einige Merkmale dieses fremdländischen Einflusses
wären z.B. das Wegfallen von Präpositionen, wie in „Gehen wir heut Kino?", oder das
Einbauen von fremdsprachlichen Worten, wie z.B. „moruk" oder „lan". Doch auch
wenn es sich hierbei um ein sehr interessantes Phänomen handelt, da sogar Deutsche
manchmal ein Mischmasch aus Deutsch und Türkisch sprechen, ist dies für die vorlie-
gende Arbeit nicht von Bedeutung, da dieser Aspekt der Jugendsprache bei der Synchronisation von AAE völlig ausgeklammert werden muss. Dennoch sollte dieser
Aspekt bei der Betrachtung der modernen deutschen Jugendsprache nicht unerwähnt
bleiben, und weitere Forschungen in diesem Gebiet wären wünschenswert, denn dieser
Trend ist zu wichtig, um ihn zu ignorieren.

Sieht man einmal von dem Einfluss ausländischer Jugendlicher ab, stellt man jedoch
fest, dass sich die deutsche Jugendsprache noch am Ehesten für die Synchronisation von
AAE und für die Übertragung von AAE-Slang eignet und in der Praxis auch durchaus
verwendet wird (siehe Brooklyn´s Finest), da gewisse Analogien zwischen AAE und
Jugendsprache nicht von der Hand zu weisen sind. Auch die jugendsprachlichen
Anglizismen stellen eine gute Option bei der Übersetzung von AAE dar, weil durch

diese keine falschen Assoziationen geweckt werden. Verwendet man allerdings deutsche jugendsprachliche Begriffe, erfordert dies vom Dialogautor ein großes Gespür für die gegenwärtige Jugendkultur, da es immer ein schmaler Grat zwischen glaubwürdig und peinlich, modern und veraltet ist. Des Weiteren müssen, wie bereits erwähnt, falsche Assoziationen vermieden werden, so kann z.b. ein Begriff wie „Opfer" nicht wirklich verwendet werden, da die Zuschauer sofort an Berlin denken würden, da Berliner Rapper dieses Wort unter Jugendlichen populär gemacht haben. Auch der schnelle Sprachwandel in der Jugendsprache kann die Arbeit ungemein erschweren, da Begriffe auch sehr schnell wieder obsolet werden können, besonders dann wenn sie in die allgemeine Umgangssprache eingehen (vgl. Borchert, 2006, S.20). Dies ist auch eine interessante Parallele zu AAE-Ausdrücken, denen oftmals auch nur eine kurze Lebenszeit in der schwarzen Gemeinde beschert ist.

2.4. Synchronisation

Bei der Synchronisation werden die ausgangssprachlichen Dialoge eines Films oder einer Serie durch zielsprachliche ersetzt. Dieses Verfahren existiert seit etwa 1932 und hat sich seit damals in großen Ländern, wie Deutschland, gegenüber der Untertitelung durchgesetzt (vgl. Bräutigam, 2001, S.10).

2.4.1 Der Synchronisationsprozess

Die Synchronisation eines Spielfilms ist ein komplexer Vorgang, der meistens unter enormem Zeitdruck stattfindet. So bleiben für die Synchronisation eines Kinofilms in der Regel nur 6 Wochen Zeit (vgl. Pruys, 1997, S.91). Der erste Schritt auf dem Weg zum fertig synchronisierten Film ist die Rohübersetzung. Mit Hilfe der Continuity[12] wird eine möglichst wörtliche Übersetzung erstellt, die häufig von sehr geringer Qualität ist. Der Rohübersetzer ist in den meisten Fällen kein professioneller Übersetzer, ein längerer Auslandsaufenthalt reicht generell schon als Qualifikation. Auch Studenten, die eine Nebenbeschäftigung suchen, werden oft als Rohübersetzer herangezogen (vgl. Whitman-Linsen, 1992, S. 115; vgl. Herbst, 1994, S.217). Da diese erste Übersetzung sowieso noch einmal umgeschrieben werden muss, um die Worte lippensynchron zu machen, werden von den Synchronstudios in der Rohübersetzung keine

---

[12] Continuity enthält: Drehbuch, Szenen, Einstellungen, Kamerawinkel & andere Instruktionen wie beispielsweise die Erklärung von Slangausdrücken; es sollte sich hierbei um das Postproduction-Script handeln, das heißt Änderungen an den Dialogen während des Drehs sollten berücksichtigt sein (Krüger, 1986, S.611).

ausgefeilten natürlich klingenden Formulierungen erwartet. Es ist ausreichend, wenn lediglich der Inhalt der Sätze klar wird (vgl. Whitman-Linsen, 1992, S.61). Dies führt allerdings dazu, dass die Rohübersetzung alle Äquivalenzkriterien verletzt, die für eine professionelle Übersetzung gelten würden (vgl. ebd, S.108). So werden beispielsweise Idiome wörtlich übersetzt, was zu Interferenzerscheinungen führt. Herbst nennt hierfür das Beispiel „der frühe Vogel fängt den Wurm". Dieses Sprichwort existiert im Deutschen eigentlich nicht, zumal man „der frühe Vogel" im Deutschen nicht sagen kann (1992, S. 134). Ein weiteres Problem ist, dass der Rohübersetzer den zu übersetzenden Film meistens gar nicht zu sehen bekommt, was zu weiteren Fehlern und Fehlbezügen in der Übersetzung führt. So schrieb Gertraude Krüger 1986 auch einen Artikel mit dem Titel *Rohübersetzungen sind eher Blindübersetzungen*. Der Grund für diesen Umstand wird wohl die Angst der Verleiher vor Raubkopien sein, denn je früher ein Film im Internet geleakt wird, was früher oder später unweigerlich passiert, umso unwahrscheinlicher ist es, dass bis zum Kinostart gewartet wird, um den Film zu sehen. Während die Rohübersetzung erstellt wird, machen sich die Produzenten und der Dialogregisseur bereits Gedanken über den Cast.

Ist die Rohübersetzung fertig, wird sie dem Dialogautor (auch Synchronautor genannt) zugeschickt, der diese überarbeitet und für natürlich klingende, ausgefeilte Dialoge zu sorgen hat. Dabei muss er auch auf die Lippen- und Nukleussynchronität des Textes achten (vgl. Whitman-Linsen, 1992, S.61-63). Dies ist wohl die anspruchsvollste und entscheidendste Phase des Synchronisationsprozesses, was auch erklärt, warum Dialogautoren oftmals das Fünffache eines Rohübersetzers verdienen (vgl. Luyken, 1991, S.97). Allerdings ist auch hier der Zeitdruck groß, was dazu führt, dass sich der Dialogautor manchmal zu sehr an den Wortlaut der Rohübersetzung hält. So kommt auch Herbst zu dem Ergebnis, dass der Dialogautor bei seiner Version nur selten vom Wortlaut der Rohübersetzung abweicht (1994, S.216). Da diese jedoch, wie oben beschrieben, eine absolut unzuverlässige Grundlage ist, und da der Dialogautor das Original oft nicht kennt, ist es logisch, dass es in der endgültigen Fassung zu Fehlern kommt. Auch das scheinbar oftmals fehlende Gespür der Dialogautoren für natürlich klingende Dialoge oder Jugendsprache, erklärt die oftmals künstlich anmutende Sprache synchronisierter Filme, ein Phänomen, das allgemein als „Synchrondeutsch" bekannt ist.

Sobald die überarbeitete Übersetzung, die Script genannt wird, fertig ist, werden die Texte von den Sprechern im Synchronstudio eingesprochen. Dafür müssen dem Studio vom Verleiher, der die Synchronisation in Auftrag gegeben hat, einige Dinge zur Verfügung gestellt werden. Es wird eine Kopie des fertigen Originalfilms benötigt, *Work-Print* genannt, die als Vergleichsversion verwendet wird; es wird das sogenannte *IT-Band* benötigt, auf dem alle Audiospuren außer der Dialogspur enthalten sind (also sämtliche Soundeffekte und die Filmmusik); und es wird eine Kopie ohne Audiospuren benötigt, auf die dann die neuen Dialoge aufgenommen werden (vgl. Whitman-Linsen, 1992, S. 60). Allerdings ist die Studioarbeit heutzutage sicherlich wesentlich digitalisierter als früher, was jedoch den Ablauf nicht beeinflussen wird.

Neben den Synchronsprechern sind beim Aufnahmeprozess noch einige weitere Personen anwesend. Die wichtigste ist der Synchronregisseur, der in manchen Fällen auch der Dialogautor ist. Er gibt den Sprechern Anweisungen und erläutert ihnen die Charaktere und Szenen, da diese den Originalfilm aus Zeitmangel meistens nicht gesehen haben, und da die Szenen meist nicht in chronologischer Reihenfolge aufgenommen werden. Neben dem Personal, das für die technischen Belange, wie das Bedienen des Projektors oder die Tonaufnahme, zuständig ist, ist noch der Synchronassistent anwesend, dessen einzige Aufgabe es ist, darauf zu achten, dass das Gesprochene möglichst synchron zum Bild ist[13]. Die Aufnahme geschieht in Takes. Das sind 5-10 Sekunden lange Abschnitte, in die ein Film zerlegt wird. Ein Spielfilm kann dabei durchaus aus 2000 Takes bestehen (vgl. Pruys, 1997, S.86). Wenn alles aufgenommen ist, muss die neue Dialogspur dann mit den Audiospuren auf dem *IT-Band* abgemischt werden. Hierbei muss besonders berücksichtigt werden, wie weit die Kamera vom Darsteller entfernt ist, oder ob dieser beispielsweise in einer Telefonzelle spricht. Gerade in diesem Bereich hat sich die Qualität aufgrund der technischen Weiterentwicklung in den letzten zwanzig Jahren enorm verbessert.

Die Tatsache, dass das Endprodukt dann allerdings in anderen Bereichen oftmals nicht zufriedenstellend ausfällt, ist dem großen Druck geschuldet, unter dem die Studios oftmals arbeiten müssen. Wurden in den fünfziger und sechziger Jahren noch zwischen 60 und 80 Takes am Tag bearbeitet, so sind es mittlerweile bis zu 200 Takes pro Tag (vgl. Kurz, 2006, S.65). Besonders der Videoboom in den achtziger Jahren, als der Markt mit billigen Filmen, für die auch keine aufwendige Synchronisation in Frage kam, überschwemmt wurde, hat zu einem enormen Preisverfall und hohem Konkurrenzdruck in der Synchronbranche geführt (vgl. Thomas Bräutigam, 2001, s.16).

---

[13] Für ein genaue Beschreibung der am Aufnahmeprozess beteiligten Personen siehe: Whitman-Linsen, 1992, S.79ff

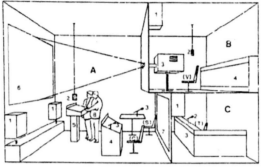

MODELL: DAS SYNCHRONSTUDIO VON HEUTE

Es befinden sich im Bereich **A** = AUFNAHMERAUM:
(**S**) = Synchronautor bzw. Synchronregisseur, (**C**) = Cutterin
1 = Lautsprecher, **2** = Mikrophon zur Aufnahme der Synchrondialoge, **3** = Verbindungsmikrophone,
4 = Regiepult der Cutterin, **5** = Pult mit Dialoglisten für die Synchronsprecher, **6** = Leinwand,
7 = Schalldichte Kontroll-Glasscheibe, **8** = Synchronsprecher

(Whitman-Linsen, 1992, S. 13)

2.4.2 Akzeptanz von synchronisierten Filmen

Im Jahr 2000 waren amerikanische Filme für 82 % der Kinoeinnahmen in Deutschland verantwortlich (Vgl. Krugman, Paul Maurice, 2009, S.222). Und so gut wie alle diese Filme mussten zuvor synchronisiert werden, da Originalfassungen in Deutschland fast nie gezeigt werden. Dies lässt die enorme Wichtigkeit der Synchronisationsbranche für die deutsche Unterhaltungsindustrie erkennen.

Und dennoch führt diese Branche ein Schattendasein. So schreibt Whitman-Linsen: „Dubbing takes place in some shadowy often nondescript studios on the less fashionable edges of big cities". Und auch von professionellen Übersetzern werde die Synchronisationsarbeit wenig gewürdigt (1992, S.9). Im Feuilleton und in Filmrezensionen wird der Synchronisation eines Filmes so gut wie nie Beachtung geschenkt. Wenn die Synchronisation überhaupt erwähnt wird, dann hauptsächlich in Form von Kritik, die von der Empfehlung begleitet wird, sich den Film in der Originalfassung anzusehen. Ein Lob für eine gute Synchronisationsleistung bekommt man nie zu hören. Auch das „DVD-Zeitalter" hat die negative Einstellung gegenüber synchronisierten Filmfassungen noch verstärkt. Filmliebhaber, die über ausreichende Englischkenntnisse verfügen, haben nun die Möglichkeit sich jeden Film auch in der Originalfassung anzusehen, wobei inhaltliche Abweichungen der synchronisierten Fassung, die früher verborgen geblieben sind, nun zum Vorschein kommen. Dass kleinere Änderungen unvermeidbar sind, vor allem aus Gründen der Lippensynchronität, wird oftmals nicht bedacht. Auch die Tatsache, dass wirtschaftliche Realitäten oder die schier unlösbare Aufgabe der Übertragung von Dialekten oder Slang oft Kompromisslösungen notwendig machen, wird bei der Beurteilung einer Synchronisationsleistung oftmals nicht berücksichtigt. So schreibt auch Dries: „Time pressure does not leave space for creativity in this highly demanding job" (1995, S.16).

Und dennoch ist die Kritik an synchronisierten Filmen nicht immer ganz unberechtigt. Gerade „kleinere" Filme, bei denen von vornherein kein großer kommerzieller Erfolg erwartet wird, oder die direkt auf DVD erscheinen, machen oft einen sehr lieblos synchronisierten Eindruck. Auch wenn diese Filme kleine Meisterwerke sein können, so stehen doch wirtschaftliche Interessen auch in der Synchronbranche ganz klar im Vordergrund, die Liebe zur Kunst erscheint oftmals zweitrangig. Besonders asiatischen Filmen scheint oft das Los einer miserablen Übersetzung beschert zu sein, so dass Dialoge à la „Ich werde dich bestrafen, du Hund!" dort auch heute noch an der Tagesordnung sind. Die Synchronisation von großen Kinofilmen ist dagegen durchweg recht gelungen und kann nur in manchen Fällen bemängelt werden.

Dass es am besten ist, Filme immer in der Originalfassung zu sehen, wenn man sich dazu in der Lage sieht, steht ganz außer Frage. Denn nur dann kann sich vor allem bei anspruchsvolleren Filmen die intendierte Wirkung vollends entfalten. Doch selbst wenn man in der Schule umfangreiche Englischkenntnisse erworben hat, kann es einem immer noch schwer fallen, einem englischsprachigen Film zu folgen. Die Originaldialoge sind um einiges leiser, als wir es aus Synchronfassungen gewohnt sind, und manche amerikanischen und englischen Dialekte sind für Nicht-Muttersprachler kaum zu verstehen. So kann stark ausgeprägtes AAE auch für einen weißen Amerikaner teilweise nicht mehr verständlich sein. Es gibt natürlich noch die Möglichkeit, den Film mit Untertiteln zu sehen. In kleineren europäischen Ländern werden aus Kostengründen so gut wie alle ausländischen Kinofilme in einer untertitelten Fassung gezeigt[14]. Doch obwohl einige Puristen der Meinung sind, dass dies der Synchronisation vorzuziehen sei, ergeben sich auch hier einige Probleme. Der Text muss stark verkürzt werden,

---

[14] Die europäischen Länder, in denen so gut wie alle Filme synchronisiert werden, sind Deutschland, Frankreich, Italien, Spanien (vgl. Kurz, 2006, S.50). Da 1 Stunde synchronisierter Film bis zu 15 mal so teuer wie die untertitelte Version ist, lohnt sich die Synchronisation in kleinen Ländern nicht (vgl. Luyken, 1997, S.99).

gesprochene Sprache wird in Schriftsprache umgewandelt und die Augen verharren bis zu 22% der Laufzeit am unteren Bildrand (vgl. Pruys, 1997, S.78).

Und egal wie die persönlichen Präferenzen beim Heimkinoabend auch sein mögen, für die Kinoleinwand und fürs Fernsehen muss ein Film auf jeden Fall synchronisiert werden. Daher stellt sich hier nicht die ewig diskutierte Frage „Untertitel oder Synchronisation", denn sie wurde von den deutschen Kinogängern schon vor 80 Jahren beantwortet, als sich die Synchronfassungen gegenüber den untertitelten Filmen durchsetzten (vgl. Kurz, 2006, S.23). Deshalb sollte vielmehr die Frage gestellt werden, wie man die Qualität der Synchronisation verbessern kann. So fordert vor allem Luyken eine spezielle Ausbildung für Dialogautoren und Synchronregisseure (vgl. 1997, S. 108), die es auch heute noch immer nicht gibt (vgl. www.goethe.de).

2.4.3 Synchronitätsanforderungen

Ziel der Synchronisation ist es, eine möglichst große Illusionswirkung beim Betrachter hervorzurufen. Um dies zu erreichen, ist es von größter Wichtigkeit dem Zuschauer den Eindruck zu vermitteln, dass die Figuren im Film tatsächlich seine Sprache sprechen. Auch wenn dies eigentlich unmöglich erscheint, da der Zuschauer von Anfang an durch das Bild daran erinnert wird, dass die Filmfiguren in einem anderen Land sind, so muss doch alles dafür getan werden, von diesem Umstand abzulenken, und es muss alles vermieden werden, was die Perzeption des Zuschauers von der Geschichte des Films auf die Synchronisation lenken würde. Daher ist es unabdingbar, die synchronisierte Tonspur mit dem Bild so gut es geht in Einklang zu bringen. Es muss der Eindruck entstehen, dass beispielsweise die deutschen Worte auch wirklich aus dem Mund des englischen Schauspielers kommen.

Zunächst einmal wird daher auf diesen handwerklichen Aspekt der Filmsynchronisation eingegangen. Der Begriff Synchronität bezeichnet dabei die Einheit aus Bild und Ton. Was die Synchronitätanforderungen betrifft, kristallisieren sich vier Punkte heraus:

- Quantitative Lippensynchronität
- Qualitative Lippensynchronität
- Nukleussynchronität
- Charaktersynchronität

2.4.3.1 Quantitative Lippensynchronität

Thomas Herbst hat diese Form der Synchronität folgendermaßen definiert:

> „Quantitative Lippensynchronität bezeichnet die Simultanität von Ton und Lippenbewegungen, unabhängig vom Charakter der Bewegung, d.h. von der Geschwindigkeit und den Positionen, die die Lippen dabei einnehmen" (1994, S.33).

Für Herbst hat die quantitative Lippensynchronität absoluten Vorrang, da Verstöße vom Zuschauer in jedem Fall wahrgenommen werden und das cineastische Erlebnis beträchtlich schmälern. Auch Whitman-Linsen, Fodor und Pisek kommen zu diesem Ergebnis; denn selbst wenn bezweifelt werden kann, dass einzelne Laute anhand von Lippenbewegungen eindeutig zugeordnet werden können, so erkennt der Zuschauer doch auf jeden Fall, ob ein Schauspieler gerade spricht oder nicht. Eine kontinuierliche Asynchronität in diesem Bereich ist so schwerwiegend, dass sie zu unfreiwilliger Komik führen kann, wie es vor allem in B-Movies aus den sechziger und siebziger Jahren der Fall war. Vor allem synchronisierte Kung-Fu Filme aus dieser Zeit verstoßen oft in eklatanter Weise gegen die quantitative Lippensynchronität, was diesen eigentlich ernst gemeinten Filmen eine nicht abzustreitende humoristische Note verleiht.

Was jedoch nicht vergessen werden darf ist, dass die Lippenbewegungen der Schauspieler nicht immer deutlich zu sehen sind. In Off-Passagen (wenn nur die Stimme zu hören ist), in Counter-Passagen (wenn der Schauspieler mit dem Rücken zur Kamera steht), oder wenn die Kamera weit von den Darstellern entfernt ist, muss auf die Mundbewegungen der Schauspieler keine oder weniger Rücksicht genommen werden. Wenn diese jedoch deutlich zu sehen sind, dann müssen die Worte des Zieltextes genau dann fallen, wenn sich der Mund des Schauspielers bewegt, und es müssen auch Pausen zwischen den Äußerungen beachtet werden. Dann hat, wie Krüger angemerkt hat, „das Bild … Vorrang vor dem Text, der sich ihm anzupassen hat" (1986, S. 611).

2.4.3.2 Qualitative Lippensynchronität

Bis in die sechziger Jahre war die qualitative Lippensynchronität in der deutschen Synchronbranche ein absolutes Dogma, heutzutage ist ihre Bedeutung jedoch eher zweitrangig (vgl. Whitman-Linsen; 1992, S.21). Fodor, der sich im Jahre 1976 als Erster in detaillierter Weise mit der Lippensynchronität beschäftigt hat, erklärte nicht nur die quantitative, sonder auch die qualitative Lippensynchronität zur absoluten Priorität. Er beschrieb von der Lunge bis zum Nasenflügel alle Organe, die bei der Lautbildung beteiligt sind und entwickelte ein kompliziertes System, dass allen Problemlauten spezielle Zeichen zuweist, um so ein möglichst hohes Maß an qualitativer

Lippensynchronität zu erreichen (vgl.1976, S. 66-72). Auch die Redegeschwindigkeit durfte seiner Meinung nach nicht vom Original abweichen, da sie unter allen Umständen erkannt werden könne (ebd, S.31). Allerdings räumte er selbst ein, dass noch mehr Experimente durchgeführt werden müssten, um wirklich feststellen zu können, in welchem Maße Abweichungen bei den Lippenbewegungen von den Zuschauern tatsächlich bemerkt werden.

Heutzutage hat die qualitative Lippensynchronität viel von ihrer einstigen Bedeutung verloren, da sich in der Praxis gezeigt hat, dass Abweichungen selbst bei einer Fokussierung auf die Lippenbewegungen nicht zweifelsfrei erkannt werden können (vgl. Herbst, 1994, S.53). Hesse-Quack war also seiner Zeit voraus, als er 1969 schrieb, dass diese Form der Lippensynchronität „ein nicht notwendig zu betrachtendes Postulat" (S.99) sei.

Allerdings gibt es dennoch einige Fälle, in denen die qualitative Lippensynchronität beachtet werden muss, damit die Illusionswirkung nicht beeinträchtigt wird. Vor allem bei Close-Ups, wenn also nur das Gesicht oder der Oberkörper des Sprechers zu sehen ist, müssen einige grundlegende Punkte beachtet werden, da die Perzeption des Zuschauers nur auf das Gesicht des Schauspielers und damit auch auf dessen Lippen gerichtet ist. Besonders Labiale (Laute, bei denen die Lippen aufeinander gepresst werden: ([b], [p], [m]) und Dentallabiale (Laute, bei denen die Unterlippe auf die obere Zahnreihe gepresst wird: [v], [w], [f]) sind mit recht eindeutigen Mundbewegungen verbunden, die auch bei schnellem Sprechen zu erkennen sind. Jedoch muss bei der Synchronisation nicht zwischen Labiale und Dentallabiale unterschieden werden, da die Mundbewegungen recht ähnlich sind. Insgesamt ist es ausreichend „wenn Labiale im Synchrontext in der Nähe von Labialen im Originaltext zu liegen kommen" (Herbst, 1994, S.49). Die anderen Konsonanten stellen kein Problem dar.

Bei den Vokalen sind besonders diejenigen zu beachten, die eine weite Öffnung des Mundes nötig machen, wie z.B. [æ] oder [o] im Englischen, oder bei denen die Lippen gespreizt werden, wie z.B. [i]. Ein letzter Laut, der Probleme bereiten kann, weil er im Englischen häufig vorkommt und in unserer Sprache nicht verwendet wird, ist das „th", beim dem die Zungenspitze deutlich zu sehen ist.

Was die Sprechgeschwindigkeit angeht, widerspricht Herbst der Aussage Fodors. Seine Untersuchungen haben gezeigt, dass sogar die Verwendung der doppelten Silbenzahl wie im Original nicht sonderlich auffällig ist.

Es sind also abschließend „nur solche Laute, die tatsächlich mit auffälligen Lippenbewegungen artikuliert werden" von Bedeutung (Herbst, 1994, S.45).

2.4.3.3 Nukleussynchronität

Wenn ein Satz von einer Körperbewegung begleitet wird, dann fällt diese so gut wie immer mit dem Wort des Satzes zusammen, das betont werden soll (vgl. Luyken, 1991, S.160). Diese Bewegung kann ein Nicken mit dem Kopf, ein Schulterzucken, ein Hochziehen der Augenbrauen oder vieles mehr sein. Auch wenn sich diese Form der Synchronität zunächst unbedeutend anhört, so halten sie vor allem Luyken und Whitman-Linsen für wichtiger als die qualitative Lippensynchronität. Whitman-Linsen nennt auf Seite 36 den englischen Satz „I´ve had enough!" als Beispiel. Wenn diese Äußerung von einer Geste begleitet wäre, dann würde diese bei der deutschen Übersetzung „Mir reicht´s jetzt aber!" an der falschen Stelle kommen. Ihrer Meinung nach wird ein solcher Verstoß von den Zuschauern unterbewusst durchaus erkannt und kann diese irritieren. Herbst jedoch hält die qualitative Lippensynchronität dennoch für wichtiger (1994, S. 245).

2.4.3.4 Charaktersynchronität

Bei dieser Form der Synchronität geht es darum, dass die Synchronstimme zu der Filmfigur passt, die man auf der Leinwand oder im Fernsehen sieht. Auf den ersten Blick scheint dies mit den anderen Formen der Synchronität nicht allzu viel zu tun zu haben, da es hier nicht wichtig ist, die Bewegungen des Schauspielers mit dem Gesagten in Einklang zu bringen. Und dennoch geht es auch hierbei um die Einheit aus Bild und Ton, was ja Synchronität ausmacht. Die Stimme, die man hört muss glaubhaft sein, das heißt sie muss zum Charakter passen, den man im Film sieht.

Zunächst einmal sind dabei physische Faktoren zu berücksichtigen. Der Synchronsprecher muss einen ähnlichen Körperbau und ein ähnliches Alter wie der zu synchronisierende Schauspieler haben. So schreibt Fodor: „tall, strong or corpulent people speak with greater force than small, slender people" (1976, S.73). Dies ist vor allem bei afroamerikanischen Darstellern oft zu bemängeln, da diese in der deutschen Synchronisation oftmals eine viel zu hohe und viel zu dünne Stimme bekommen. Schauspieler wie Damon Wayans, Curtis Jackson (bekannt als Rapper 50 Cent), oder LL Cool J haben im Deutschen Stimmen, die mit diesen zwischen 1,80 und 1,90 Meter großen muskelbepackten Hünen so gar nicht vereinbar scheinen.

Abgesehen von dieser körperlichen Komponente ist es vor allem wichtig, dass die Stimme zum Charakter der Filmfigur passt. Dabei ist es recht unwichtig, ob sie der Originalstimme des Schauspielers ähnelt (vgl. Whitman-Linsen, 1992, S.42). So kann es vorkommen, dass Schauspieler wie John Wayne und Charles Bronson, die in Echt recht dünne Stimmen haben, im Deutschen mit einer Stimme sprechen, die den sehr maskulinen Raubeinen, die sie verkörpern, mehr entspricht. Die Wahl des richtigen Synchronsprechers ist also von entscheidender Bedeutung, vor allem da ein Schauspieler immer von demselben Sprecher synchronisiert werden sollte, weil sich die Zuschauer an eine Stimme gewöhnen und Änderungen, vor allem bei etablierten Darstellern, zu einer kontinuierlichen Asynchronität führen können, die den ganzen Film beeinträchtigt (vgl. Whitman-Linsen. 1992, S.53). Auch die Tatsache, dass die Wahl unpassender Sprecher der Teilaspekt der Synchronisation ist, der in Filmrezensionen wohl am häufigsten kritisiert wird (man bedenke die Kritik an der Stimme des Jokers aus „The Dark Knight", z.B. auf www.filmstarts.de), zeigt, wie elementar die Charaktersynchronität ist. Die Lippen der Darsteller sind nicht immer zu sehen, die Stimme hört man jedoch immer.

2.4.4 Der Synchrontext als Übersetzungsgegenstand

In der Übersetzungstheorie ist die Synchronisation nur eine Randerscheinung, der höchstens ein paar Seiten gewidmet werden, und Modelle der klassischen Übersetzungstheorie sind auf die Filmsynchronisation nur sehr bedingt anwendbar.

Die Funktion der Übersetzung, nämlich die Unterhaltung des Zuschauers, ist die determinierende Größe bei der Filmsynchronisation. Natürlich haben viele Filme auch einen sozialkritischen Ton, und dennoch steht auch in diesen Filmen die Unterhaltung des Zuschauers an erster Stelle. Filme sind generell ein in höchstem Maße eskapistisches Medium.

Was das Beibehalten der Funktion und die Beziehung zum Original angeht, gibt es in der Übersetzungstheorie verschiedene Modelle. Laut House ist eine *covert translation* die einzige Möglichkeit um wirklich funktionale Äquivalenz, wie sie bei der Synchronisation gewünscht wird, herzustellen. Eine solche Übersetzung soll in der Zielkultur wie ein Original auftreten und ausgangssprachliche Merkmale müssen zugunsten der Funktion aufgegeben werden. „Since true functional equivalence is aimed at, the original may be manipulated [...] via the use of a ´cultural filter´". House nennt die *covert translation* selbst „deceptive" (vgl. insgesamt House, 2001, S. 250). Sie soll den

Rezipienten also täuschen, was jedoch nicht bei allen Filmen möglich ist. Die „Herr der Ringe" Trilogie beispielsweise hat keinerlei Bezug zur Realität und spricht eigentlich den ganzen westlichen Kulturraum an. Bei dieser Art von Filmen ist es durchaus möglich, dass die synchronisierte Fassung wie ein Original auftritt. Ob in einer Fantasiewelt Englisch oder Deutsch gesprochen wird, ist egal, da beides in gleicher Weise unlogisch ist. Spielt ein Film jedoch beispielsweise in New York, kann eine synchronisierte Fassung niemals wirklich wie ein Original rezipiert werden, da der Zuschauer durch das Bild permanent daran erinnert wird, dass der Film in Amerika spielt, wo Englisch gesprochen wird. In diesem Fall würde sich ein Ansatz wie Venutis *foreignizing translation* anbieten. Diese von Venuti befürwortete Art der Übersetzung soll das Fremde fühlbar machen und dabei die Werte und Eigenheiten der Ausgangskultur beibehalten, wobei jedoch die Gefahr besteht, dass der Unterhaltungswert leidet, da eine *domesticating translation* leichter rezipierbar wäre. Außerdem wird der Übersetzer bei einer *foreignizing translation* deutlicher sichtbar, was jedoch auch Venutis Absicht ist (vgl. www. translationtheories.blogspot.com). Bei der Filmsynchronisation wird dies jedoch nicht gewünscht, da es die Illusionswirkung beeinträchtigen würde. So schreibt auch Dries: „The work is well done when no one is aware of it" (1995, S.9).

Ein weiteres bekanntes Modell in der Übersetzungswissenschaft ist die *Skopostheorie*. Nach Reiß/Vermeer ist der Skopos, also der Zweck der Übersetzung, das Entscheidende. Die Nähe zum Ausgangstext ist bei der Skopostheorie von untergeordneter Bedeutung, das heißt die Adäquatheit in der Zielsprache ist wichtiger als die Äquivalenz zum Originaltext. Auch hier würde also die Unterhaltung des Zuschauers im Vordergrund stehen, wobei dies in der Praxis jedoch nur eine sehr grobe Richtung vorgeben würde.

Die Tatsache, dass bei der Filmsynchronisation nicht nur eine funktionskonstante, möglichst äquivalente Übersetzung hergestellt werden muss, sondern dass diese auch den verschiedenen Synchronitätsanforderungen gerecht werden muss, zwängt den Synchrontext in ein enges Korsett und erschwert die Übersetzung ungemein. Der Synchronisateur hat wesentlich weniger Freiheiten als ein Literaturübersetzer, für den es weniger Restriktionen bei der Satzkonstruktion gibt. Daher ist es in der Praxis schwierig die Funktion beizubehalten und dabei noch dem Ausgangstext treu zu bleiben. Für Pruys ist daher die „Analogie von literarischer Übersetzung und Filmsynchronisation […] nur ein theoretisches Konstrukt, das an der Praxis völlig vorbeigeht" (1997, S.31). So schreibt dieser weiter:

„Durch Übertragung der Zielvorstellung der Übersetzungstheorie auf die Analyse der Synchronisationsarbeit wird so der Blick auf die schöpferischen Möglichkeiten der Synchronisation verstellt" (S.31).

Herbst hat als erster versucht, eine pragmatische Übersetzungstheorie für die Synchronisation zu entwerfen. Für ihn gibt es drei entscheidende Äquivalenzebenen:

- den Textsinn
- die Funktion
- die Synchronität

Die Hierarchie der drei Ebenen ist dabei nicht festgelegt, sondern muss immer wieder neu bestimmt werden, je nachdem wie es eine Szene verlangt.

Beim Textsinn verwendet Herbst nicht Kollers Konzept der denotativen und konnotativen Äquivalenz, für ihn gibt es beim Sprechakt intendierte und akzidentielle Informationen. Erstere werden vom Sprecher absichtlich an den Adressaten weitergegeben, letztere nimmt der Adressat auf, auch ohne dass dies vom Sprecher beabsichtigt ist. Akzidentielle Informationen können für den Dialogpartner, die Zuschauer oder beide relevant sein (z.B. Assoziationen, die durch einen Dialekt ausgelöst werden). Wenn diese Informationen für die Zuschauer nicht relevant sind, müssen sie bei der Synchronisation nicht berücksichtigt werden (vgl. insgesamt Herbst, 1994, S.229ff). Was den Textsinn angeht, plädiert Herbst dafür, dass nicht auf der Wort- oder Satzebene übersetzt wird, sondern dass Szene für Szene übertragen wird. Das heißt die Informationen müssen nicht an der gleichen Stelle wie im Originaltext kommen, wodurch auch eine Versprachlichung von Sinnelementen, wie es z.B. bei einem Dialekt nötig wäre, möglich wird (vgl. ebd, S.251). Auch Thomas Bräutigam vertritt eine ähnliche Meinung:

„Ihr Sinn kann nicht darin bestehen, die Originaldialoge sklavisch zu reproduzieren (zumal es sich in der Regel um Umgangssprache handelt), insofern muss sie [die Synchronisation; Anm. d. Verf.] selbst kreativ sein und Kunst hervorbringen" (2001, S. 24).

Dennoch ist es bedenklich, wenn die Originaldialoge zu sehr verändert werden. Es handelt sich schließlich um die Kunst anderer Leute und das muss respektiert werden. Auch von Zuschauern, die die Originalfassung kennen, und vom Feuilleton werden inhaltliche Änderungen gewöhnlich eher kritisch betrachtet (Pruys, 1997, S.202). So ist auch der Synchronregisseur Tobias Meister der Meinung, „das wichtigste ist, so dicht wie möglich am Original zu bleiben, ob einem das nun gefällt oder nicht" (www.goethe.de). Vor allem wenn man inhaltliche Änderungen aus zensurtechnischen Gründen vornimmt, um beispielsweise eine bestimmte Altersfreigabe zu erreichen, ist dies sehr kritisch zu sehen, zumindest bei anspruchsvollen Filmen. Dies war vor allem früher der Fall, so wurde z.B. 1958 beim Skandalfilm „Les Amantes" auf diese Weise versucht, die als moralisch verwerflich angesehen Geschichte um eine Ehebrecherin leichter verdaulich zu machen.

Was die Funktion angeht, so könnte man am einfachsten sagen, dass diese beibehalten wird, wenn die Zuschauer der Synchronfassung genauso reagieren und den gleichen Eindruck bekommen, wie die Zuschauer der Originalfassung. Dies würde auch Nidas *functional equivalence* entsprechen. Allerdings lässt sich die Zuschauerreaktion nicht wirklich objektiv bestimmen, so dass man sie eher als gedankliches Konzept verstehen sollte.

Die Synchronität wurde bereits oberhalb ausführlich besprochen und sie diktiert vor allem in Großaufnahmen den Synchrontext.

2.4.4.1 Unterschiede zur literarischen Übersetzung

Anders als bei der literarischen Übersetzung sollen Filmdialoge gesprochen werden, das heißt die Texte müssen den Anforderungen gesprochener Sprache gerecht werden. Dies erschwert natürlich sowohl das Schreiben als auch das Übersetzen der Dialoge. Die Dialoge dürfen nicht zu konstruiert wirken und „Phänomene wie Pausieren um Gedanken zu sammeln, Sätze abbrechen oder sprunghaft das Thema wechseln, machen gesprochene Sprache lebendig, glaubhaft, authentisch und menschlich" (Kurz, 2006, S.31). Auch die Verwendung des Imperfekts und des Konjunktivs kommt in der gesprochenen Sprache viel seltener vor als in der Schriftsprache und macht oft einen unglaubwürdigen Eindruck (vgl. Herbst, 1994, S.168). Bei der Wortwahl herrschen ebenfalls andere Regeln, da Ausdrücke wie „Mir drängt sich der Gedanke auf" in Dialogen meist einen zu pathetischen oder gekünstelten Eindruck machen würden. Generell ist zu sagen, dass die Stilebene bei Filmdialogen niedriger angesetzt werden muss, als bei literarischen Werken.

Was Kulturspezifika, Präsuppositionen und Realia angeht, gelten für den Synchrontext ähnliche Regeln wie für den literarischen Text: Was in der Zielkultur nicht verstanden wird, muss umkodiert oder erklärt werden. Dadurch geht allerdings immer Lokalkolorit verloren. Gerade bei Filmen muss besonders darauf geachtet werden, dass nicht zu viel eingedeutscht wird, da sich der Zuschauer aufgrund des Bildes immer bewusst ist, dass er es mit einem fremden Land zu tun hat. Daher darf aus einem „Kleenex" kein „Tempo" und aus einem „Muffin" kein „Törtchen" werden. Dies führt allerdings dazu, dass in Synchrontexten wesentlich mehr Anglizismen verwendet werden als in literarischen, was auch die Gefahr von Interferenzerscheinungen, z.B. die Übersetzung von „to realize" als realisieren, erhöht (vgl. Herbst, 1994, S. 130ff).

2.4.5 Synchronisation von Dialekten

Es herrscht allgemeiner Konsens, dass dies der Punkt ist, an dem die Filmsynchronisation an ihre Grenzen stößt. In englischen und amerikanischen Filmen ist die dialektal gefärbte Sprechweise einer Figur so gut wie nie ein Zufall. Der verwendete Dialekt verrät den Zuschauern nämlich etwas über die soziale und regionale Herkunft eines Charakters (vgl. Herbst, 1994, S. 90). So schreibt Nida: „Dialects allow us to place an actor as to background, social status, education, mentality, etc." (2003, S. 180). Dadurch kann einer Figur zusätzliche Tiefe verliehen werden, und der Zuschauer erfährt etwas über deren Hintergrund und Vergangenheit. So sprechen in britischen Filmen vor allem Charaktere, die aus niedrigen sozialen Schichten stammen, stark dialektal gefärbtes Englisch, während Charaktere aus vornehmeren Kreisen hochsprachliches RP-Englisch sprechen, das vornehmlich in Privatschulen gelehrt wird. Nach wenigen Worten wird dem britischen Zuschauer daher sofort klar, wie er eine Filmfigur bezüglich ihrer sozialen Stellung einordnen muss. Ein gutes Beispiel hierfür ist der Film „My Fair Lady".

Doch ein Dialekt wird nicht nur mit einer bestimmten Region oder einer sozialen Schicht assoziiert. Besonders in den USA und in Großbritannien sind gewisse Dialekte eng mit bestimmten Klischeevorstellungen und Stereotypen verbunden (vgl. Herbst, 1994, S. 92). In englischen Filmen wird z.B. Cockney oft von Figuren gesprochen, die aus der Arbeiterschicht stammen, schlechte Manieren haben, sich gerne betrinken und illegalen Geschäften nicht abgeneigt sind (siehe z.B. Guy Ritchies „Bube, Dame, König, GrAS). Das gleiche gilt auch für die USA. Egal ob New Yorker-, Midwest-, oder Südstaatendialekt, der Zuschauer assoziiert jede sprachliche Varietät mit einem bestimmten Stereotypen. So wird ein langsam gesprochener Südstaatendialekt oft für den „zurückgebliebenen Hinterwäldler" verwendet, eine Klischeefigur, die in vielen amerikanischen Filmen vorzufinden ist; man denke nur an den Film „Beim Sterben ist jeder der Erste" mit Burt Reynolds.

Auch AAE wird oftmals verwendet, um eine solche Klischeevorstellung zu bedienen und beim Zuschauer bestimmte Assoziationen auszulösen. AAE ist in Filmen meistens die Sprache der schwarzen Unterschicht, die eine sehr geringe Bildung hat und oft in kriminelle Machenschaften verwickelt ist. Natürlich entspricht dies nicht der Wirklichkeit, da jeder weiß, dass nicht alle Schwarzen arm oder kriminell sind, und auch schwarze Doktoren untereinander AAE sprechen. Das entscheidende ist die Klischeevorstellung, denn in so gut wie allen Filmen werden von einigen Charakteren bestimmte Klischees bedient, wodurch die Zuschauer die Figuren besser einordnen können. Daher ist dies auch der für die Synchronisation relevante Aspekt, der nicht vernachlässigt werden darf. Besonders wichtig für einen Film wird diese Funktion eines Dialekts, wenn dadurch Unterschiede zwischen den Filmfiguren hervorgehoben werden sollen. Ein beliebtes filmisches Thema ist z.B. die Zusammenarbeit eines weißen und eines schwarzen Polizisten, deren unterschiedliche Mentalitäten aufeinanderprallen. Beispiele für diese sogenannten *Buddy Movies* sind: „Beverly Hills Cop", „Training Day", „16 Blocks", „Last Boy Scout" usw.

Welche Möglichkeiten gibt es aber nun, einen Dialekt zu synchronisieren? Es wird schnell klar, dass den Synchronisateuren nur zwei Optionen bleiben. Entweder sie ersetzen den ausgangssprachlichen Dialekt durch einen zielsprachlichen Dialekt, der in der Zielkultur ähnlich konnotiert ist, oder sie neutralisieren den Dialekt und lassen die Charaktere Standardsprache verwenden. Catford forderte 1965, dass Dialekte durch Äquivalente in der Zielsprache ersetzt werden sollen. So sollte z.B. der Dialekt, der in der Hauptstadt eines Landes gesprochen wird, durch den Hauptstadtdialekt der Zielkultur ersetzt werden, ein Dialekt aus dem Süden des Landes durch einen Süddialekt der Zielkultur, usw. (vgl. Berezowski, 1997, S. 31). Dabei wurde jedoch völlig vergessen, dass Dialekte nicht nur regional konnotiert sind. Wie oben bereits beschrieben, wird ein Dialekt immer auch mit einer gesellschaftlichen Schicht und mit bestimmten Stereotypen in Verbindung gebracht. Daher wäre es völlig undenkbar, einen amerikanischen Südstaatendialekt durch einen bayerischen Dialekt zu ersetzten, da mit beiden Dialekten absolut verschiedene Vorstellungen einhergehen. Dies würde der unfreiwilligen Komik Tür und Tor öffnen[15].

Somit ist die Neutralisierung eines Dialekts in der Praxis die einzig plausible Möglichkeit. Allerdings geht dadurch ein wichtiger Bestandteil des Originalfilms unweigerlich verloren. Whitman-Linsen nennt dies „the linguistic whitewashing of originally bright

---

[15] Allerdings konnte dieser humoristische Effekt auch beabsichtigt sein, wie folgendes Zitat zeigt: „In der B-Klasse freilich galt es damals als ausgemacht, dass ein deutscher Dialekt in möglichst exotischem Ambiente das Publikum zu Lachstürmen hinreißt. Da mußte ein koreanischer General im Kampf gegen ein Riesenmonster bayerisch sprechen [...]" (vgl. dradio.de)

colors into various shades of gray" (1992, S.118). Auch Luyken ist der Meinung: „an element of the original film is invariably lost" (1991, S.163).

Die einzige Möglichkeit, die den Synchronisateuren in der Praxis bleibt, um die Wirkung ,die ein Dialekt in der Originalfassung hat, halbwegs in die Zielsprache hinüber zu retten, ist eine Veränderung der Stilebene. Dadurch kann immerhin verdeutlicht werden, dass der Sprecher einer niedrigen sozialen Schicht angehört, wodurch zumindest ein gewisses Maß an *indirekter Äquivalenz*, wie Herbst es nennt, erreicht werden kann (vgl. S.108). Berezowski nennt diese Vorgehensweise *Colloquialisation*, und auch seiner Meinung nach sollte diese immer dann angewendet werden, wenn die soziale Dimension eines Dialekts von Bedeutung ist, wie es z.B. bei AAE oder Cockney der Fall ist (1997, S.80).

2.4.5.1 Spezielle Anforderungen bei der Synchronisation von AAE

AAE ist in den USA ein sehr negativ konnotierter Dialekt und deshalb auch mit eher negativen Klischeevorstellungen verbunden. Daher ergibt es keinen Sinn, Charaktere, die diesen verwenden, im Deutschen Hochsprache sprechen zu lassen. Es muss auf eine informellere Stilebene ausgewichen werden, wobei jedoch darauf zu achten ist, dass eine Sprache gewählt wird, die keinerlei regionale Konnotation aufweist. In Deutschland gibt es jedoch nur wenige umgangssprachliche Grammatikmerkmale, die regional übergreifend sind, wie in 2.3.1 gezeigt wurde. Daher muss vor allem auf Ebene der Lexik versucht werden, indirekte Äquivalenz herzustellen.

Hierbei stellt die Übersetzung von Slangausdrücken und Schimpfwörtern die größte Herausforderung dar. Was den Slang angeht, so ist es für den Rohübersetzer zunächst einmal schwer diesen überhaupt zu erkennen, geschweige denn richtig zu verstehen. Die meist unqualifizierten Rohübersetzer sind, wie bereits erwähnt, angehalten, eine wörtliche Übersetzung zu erstellen, was bei Slangausdrücken, die meist Neosemantismen sind, bereits die erste Fehlerquelle bedeutet, da diese wörtlich übersetzt keinen Sinn ergeben (z.B. wird in dem Film „White Lines" der Slangterm „cream" (Geld) als „Sahne" übersetzt). Auch das AAE-Feature der *semantischen Inversion* erschwert das Verständnis ungemein und kann leicht zu Fehlübersetzungen führen. Wird der Sinn dennoch richtig verstanden, muss der Dialogautor nun aber noch treffende deutsche Formulierungen finden, was wohl nur in wenigen Fällen derart schwierig sein dürfte. Es wird, wie in 2.2.2 erläutert, oftmals eine jugendsprachlich gefärbte Umgangssprache gewählt, die sich eng an der Sprache der deutschen Hip Hop-Szene orientiert, da diese die schwarze Jugendkultur in hohem Maße imitiert. Auch die relativ hohe Anzahl an

Anglizismen in der Jugendsprache, und speziell in der Hip Hop-Szene, kommen dem Dialogautor gelegen, da diese mit Amerika oder zumindest dem anglosprachlichen Raum in Verbindung gebracht werden und somit keine falschen Assoziationen hervorrufen. Dennoch stellen diese Anglizismen nur einen marginalen Teil der immensen Gesamtmenge an englischen Slangbegriffen dar, weshalb in den meisten Fällen unweigerlich auf deutsche Ausdrücke ausgewichen werden muss. Hier wird vom Dialogautor ein besonders gutes Gespür für glaubwürdige und authentische Formulierungen verlangt, da eine falsche Vorstellung von Jugendsprache leicht zu peinlichen oder unfreiwillig komischen Dialogen führen kann, was für jeden synchronisierten Film viel verheerender ist, als wenn alle Charaktere eine perfekte Hochsprache beherrschen würden. So sollten z.B. Ausdrücke wie „dough" oder „cake" nicht mit „Zaster" oder „Moneten" übersetzt werden, da letztere antiquiert und nicht glaubwürdig wirken. Allerdings sollte auch die Verwendung gerade aufkommender Szenebegriffe wie „abrippen" (stehlen) mit Vorsicht genossen werden, da diese oft noch nicht bekannt genug sind und auch schnell wieder in Vergessenheit geraten können.

Was Flüche und Kraftausdrücke angeht, stellt allein schon die schiere Menge in vielen amerikanischen Filmen für die Synchronisateure eine wahre Sisyphusarbeit dar. So wird in dem Film „Dead Presidents", der von einer Gruppe schwarzer Bankräuber handelt, das Wort „fuck" in verschiedenen Kompositionen weit über 300-mal verwendet, wobei solche Schimpftiraden jedoch keineswegs nur in „schwarzen" Filmen vorkommen. Da es in deutschen Film nicht üblich ist, dass so viel geflucht wird, und da dies bei einem deutschen Publikum einen anderen Eindruck hinterlassen würde, gibt es in deutschen Fassungen meist wesentlich weniger Kraftausdrücke. Werden diese jedoch übersetzt, dann muss darauf geachtet werden, dass die deutschen Begriffe authentisch und nicht lächerlich klingen. So wirken Beleidigungen wie „Schweinehund" wenig glaubwürdig und klingen fast schon belustigend. Und auch die gern gewählte Übersetzung „Flachwichser" für den englischen Begriff „motherfucker" erfüllt zwar das Kriterium der qualitativen Lippensynchronität, da in beiden Worten zwei Labiale vorkommen, klingt aber dennoch eher unglaubwürdig und wird seit zehn Jahren eigentlich nur noch von Filmcharakteren verwendet. Besonders da das englische Schimpfwort in vielen Filmen beinahe in jedem zweiten Satz zu hören ist, sollte hier am besten einfach das englische Wort beibehalten werden, da das Zielpublikum solcher Filme zweifellos weiß, was gemeint ist.

Durch die richtige Wortwahl gelingt es den Synchronisateuren also noch am ehesten in der Zielsprache eine soziale Deixis herzustellen, die für das Zielpublikum verständlich ist und die dem Original einigermaßen entspricht (vgl. Berezowski, 1997, S. 40). Außerdem weckt die deutsche Jugendsprache teils ähnliche Assoziationen beim Zuschauer wie AAE beim amerikanischen Publikum, nämlich eine Abgrenzung von der Gesellschaft, eine Affinität für Drogen und zwielichtige Geschäfte und eine gewisse Bildungsarmut. Natürlich handelt es sich auch hierbei um Vorurteile, die aber dennoch bestehen und daher auch genutzt werden können.

Es gibt auch noch einen Aspekt außerhalb der Lexik, der bei der Synchronisation von AAE beachtet werden sollte, nämlich die Tatsache, dass Afroamerikaner gewöhnlich eine größere „pitch range" haben als Weiße, was bedeutet, dass ihre Stimmlage vielmehr zwischen Höhen und Tiefen schwankt. Dieses Charakteristikum afroamerikanischer Schauspieler sollte auch im Deutschen möglichst nachgeahmt werden, da es eine gute Möglichkeit ist, dem Original ein Stück näher zu kommen. Es ist allgemein bekannt, dass Afroamerikaner meist eine melodischere und lebendigere Stimmführung haben als viele Weiße, daher würde eine monotone Sprechweise auch in deutschen Ohren unglaubwürdig klingen. Allerdings bedarf es dafür sehr talentierter Synchronsprecher, denn aufgrund der sehr kurzen Takes ist eine kontinuierliche Stimmführung bei der Synchronisation kaum möglich (vgl. Herbst, 1994, S. 73/74). Die Tatsache, dass Afroamerikaner, die eigentlich tiefe und kräftige Stimmen haben, manchmal sehr hoch sprechen, vor allem wenn sie aufgeregt sind, hat schon viele Synchronstudios dazu verleitet, diese im Deutschen mit einer viel zu hohen Synchronstimme zu versehen. Dies wirkt jedoch, wie bereits erwähnt, vor allem bei großen, kräftig gebauten Männern befremdlich. Auch eine unsaubere Aussprache, das heißt undeutlich oder nasal gesprochene Worte, hält der Dialogautor Frank Schröder für eine gute Möglichkeit, die Wirkung von Slang im Deutschen nachzubilden (vgl. www.blog.babbel.com). Dadurch entsteht ein gewisser ungeschönter Eindruck, da bei der Synchronisation sonst auf eine sehr saubere Aussprache geachtet wird.

3 Analyse

3.1 Vorgehensweise

Im Folgenden sollen nun 4 Filme genauer analysiert werden. Dazu wird zunächst der Plot jedes Filmes kurz vorgestellt und es werden einige allgemeine Informationen genannt. Anschließend wird anhand von ausgewählten Szenen untersucht, wie AAE in der Originalfassung verwendet wird und wie die Synchronisation ausfällt. Bei den besprochenen Szenen wurde versucht, die relevantesten, schwierigsten oder verbesserungswürdigsten Stellen der Filme auszuwählen. Es wird untersucht, inwieweit die Synchronitätsanforderungen erfüllt werden, und ob der Textsinn beibehalten wird. Das Hauptaugenmerk bei der Beurteilung der Synchronisation liegt aber auf jugendsprachlichen Begriffen, mit deren Hilfe Slang und Schimpfwörter wiedergegeben werden. Merkmale der allgemeinen Umgangssprache sollen dabei nicht näher beleuchtet werden, da sich diese heutzutage in beinahe allen synchronisierten Filmen finden lassen.

Es soll des Weiteren untersucht werden, ob durch die verwendete Jugendsprache *indirekte Äquivalenz* hergestellt werden kann, denn so wird die Funktion einer Szene, in der viel Dialekt zum Einsatz kommt, beibehalten.

Doch nicht in jeder Szene hat das Herstellen von *indirekter Äquivalenz* oberste Priorität. So werden auch Szenen besprochen, in denen beispielsweise die Übertragung von AAE-Sprachpraktiken die Hauptschwierigkeit darstellt. Es wird versucht, möglichst viel von dem, was zuvor nur theoretisch besprochen wurde, anhand von Beispielen nun in der Praxis zu beleuchten. Wenn die untersuchten Stellen Anlass zur Kritik geben, werden eigene Lösungsvorschläge genannt. Am Ende werden die Ergebnisse noch einmal zusammengefasst und es gibt zu jedem Film ein Fazit.

Bei den hier analysierten Filmen kommt oftmals eine äußerst drastische Sprache zum Einsatz, und auch bei der Besprechung müssen vulgäre Ausdrücke mit einbezogen werden. Bei der Transkription der Filmdialoge wird bei vielen englischen Worten die AAE-Schreibweise verwendet, um so Abweichungen bei der Aussprache deutlich zu machen. Außerdem kann es bei der Transkription zu kleineren Ungenauigkeiten kommen, da gesprochene Sprache nicht immer einwandfrei zu verstehen ist und Untertitel oft fehlen oder ungenau sind. Des Weiteren muss angemerkt werden, dass es sich bei den kritischen Äußerungen über die untersuchten Stellen um den subjektiven Eindruck des Autors handelt, der sich jedoch als zum Zielpublikum gehörig bezeichnet.

Außerdem würden Umfragen zu jugendsprachlichen Begriffen den Rahmen der Arbeit sprengen.

3.2 Korpus

3.2.1 Brooklyn´s Finest (2009)

Es handelt sich hierbei um einen klassischen Cop-Film, der auch einen Einblick in die kriminelle Welt schwarzer Drogendealer gewährt. Hierbei wurde versucht, einen möglichst authentischen Eindruck zu hinterlassen.

Die Hauptfiguren sind drei New Yorker Polizisten, für die die Grenze zwischen Gesetz und Verbrechen immer mehr verschwimmt. Sal (Ethan Hawke) stielt nach Razzien Drogengeld, um seiner Familie ein besseres Leben ermöglichen zu können, da seine Frau Zwillinge erwartet. Der Afroamerikaner Tango (Don Cheadle) hat einen Drogen-dealerring in den Sozialbauten Brooklyns infiltriert. Er gerät dabei immer mehr zwischen die Fronten, da er eine enge Freundschaft zu Casanova „Cas" Phillips (Wesley Snipes), dem Kopf der Gangsterbande, aufgebaut hat. Für eine Beförderung und die Rückkehr in sein normales Leben soll Tango seinen Freund, der ihm sogar das Leben gerettet hat, nun ausliefern. Der dritte Polizist ist Eddie (Richard Gere). Dieser steht kurz vor seiner Pensionierung und ist im Laufe der Zeit verbittert und zynisch gewor-den. Allerdings versucht er durch einen Akt der Selbstjustiz den Respekt vor sich selbst wiederzufinden.

Was den Einsatz von AAE angeht, so wird von einigen Figuren stark ausgeprägtes AAE gesprochen. Es ist zu sagen, dass die englischen Dialoge absolut glaubwürdig und authentisch wirken, da das Drehbuch von einem Hobbyautor aus Brooklyn verfasst wurde, der somit auch genau weiß, wie dort gesprochen wird. Auch der afroamerikani-sche Regisseur Antoine Fuqua kennt sich mit der Sprache im schwarzen Gangstermilieu aus, da er bei dem oscarprämierten Film „Training Day", der in den Ghettos von L.A. spielt, Regie geführt hat.

Besonders die Episode um Tango spielt fast ausschließlich im Gangstermilieu Brook-lyns, wo AAE natürlich an der Tagesordnung ist. Die einzigen Interaktionen mit Weißen sind für Tango die Treffen mit seinen Vorgesetzten in einem abgelegenen Diner. Das erste Treffen mit seinem Vorgesetzten Bill (B.) soll im Folgenden genauer betrachtet werden. Tango (T.) will endlich seine Beförderung und das Ende seines Undercovereinsatzes.

T.: Now you need to push harda about me makin´ grade. Talk to the chief!	T.: Sie müssen mit meiner Beförderung mal bisschen auf die Tube drücken. Reden Sie endlich mit dem Chief!
B.: I know. It´s not like you haven´t earned it. You´ve earned it. But it´s just, these things, I told you, they take.	B.: Ich weiß. Wenn´s einer verdient, dann Sie. Sie haben´s verdient. Aber Sie wissen auch, dass so ne Sache nicht von heut auf morgen geht.
T.: You keep sayin´ that shit. But I told you that I put in more than en-fuckin´-nough.	T.: Ah, Sekunde. Ich hör den Mist lang genug, aber Sie wissen, dass ich für den Scheiß tierisch viel aufs Spiel setze.
B.: What´s happening? What´s going on. Why is this all of a sudden so urgent, ha?	B.: Was ist denn passiert? Was läuft da? Wieso ist das alles plötzlich so überaus wichtig?
Rückblende, die vorherige Nacht wird gezeigt, Tango erzählt aus dem Off	*Rückblende, die vorherige Nacht wird gezeigt, Tango erzählt aus dem Off*
T. (Off): When that troopa pulled us ova last night, he gets me outta the car and he´s doin´ this whole Gestapo bit, right? My man Beams in the car all ready. Shotgun, he´s on high alert. Kid in the back, he´s lock, cock, ready to rock.	T. (Off): Als uns die Streife gestern Abend angehalten hat, musste ich aussteigen und der Bulle zieht seine Gestaponummer ab. Die Jungs im Auto wollen´s drauf anlegen. Der Beifahrer zu allem bereit, der Junge hinten hat entsichert und will Action.
Beams: I ain´t goin´ back to jail. I´ma pop this muthafucka.	Beams: Ich geh nich wieder in Knast. Ich leg die Wichser um.
T.: No, no hold it!	T.: Locker, locker, Nein!
Beams: I ain´t tellin you to bust my guns, man. You know I can´t stand these muthafuckas.	Beams: Nein, ich sag dir, gleich wird´s hier mächtig knallen, Mann. Du weißt doch, wie ich diese scheiß Bullen hasse.
T. (Off): And this guy (Streifenpolizist) has no idea what´s supposed to go down. You know what I´m thinkin? - Fuck it. Let it be. And then we get back to the Ps and I see the young brotha laid out on the concrete.	T. (Off): Dieser Arsch ahnt gar nich, was vor sich geht. Wissen Sie, was ich gedacht hab? - Lass es zu. Scheiß drauf. Als wir zurück zu den Projects kommen, und ich seh den Jungen, den die abgeknallt

And then I find out how? (*Anspielung auf eine vorher gezeigt Szene, in der ein Junge von einem korrupten Cop ermordet wurde*)	haben, und dann hör ich wieso. (*Anspielung auf eine vorher gezeigt Szene, in der ein Junge von einem korrupten Cop ermordet wurde*)
Streifenpolizit zu Tango: Next time you're on my road, knock the speedin' off. I don't give a damned who you are.	Streifenpolizist zu Tango: Das nächste Mal hier auf meiner Straße einfach nicht zu schnell fahren. Is mir scheißegal, wer Sie sind.
T. (Off): I start thinkin' we just should'a deaded dem muthafuckas on the road. Itd'a been two to one, but so what? I'm good with those odds. Fuck it. You see what I'm sayin'? I'm fucked up in the game. You gotta get me outta here.	T. (Off): Da denk ich plötzlich, wir hätten die beiden Blödärsche auch einfach platt machen können. Die Chance wär zwei zu eins verflucht. Wär ne gute Quote gewesen, was soll's. Verstehen Sie, was ich sage? Das scheiß Spiel greift auf mich über. Sie müssen mich da rausholen.

Tango spricht in dieser Szene recht ausgeprägtes AAE, und es finden sich in seiner Sprache einige AAE-Merkmale. Beispielsweise kommt es zu der für AAE typischen Reduktion des -r am Wortende, so dass Worte wie „harder" oder „trooper" als „harda" und „troopa" ausgesprochen werden. Auch die Verkürzung des Morphems „-ing" zu „-in'" ist charakteristisch für AAE, kommt aber auch manchmal in der allgemeinen Umgangssprache vor. In dem Satz „My man Beams in the car all ready" findet sich eine *Copula Absence*, da das „is" fehlt. Auch die Verkürzung von have zu „'a", wie in „Itd'a been two to one" ist typische für AAE. Und auch einige Slangausdrücke werden verwendet, z.B. „Ps" für die Projects (Sozialbausiedlung), „he's lock, cock, ready to rock" (zu allem bereit) oder „dead someone" (jemanden umbringen).

Tangos Beifahrer Beams spricht stark ausgeprägtes AAE, besonders was seine Aussprache angeht, weshalb er auch kaum zu verstehen ist. Bei Verneinungen verwendet er das Hilfsverb „ain't", das typisch für AAE ist, und er gebraucht die Slangausdrücke „pop this muthafucka" und „bust my guns" für den Einsatz seiner Waffe.

Tangos Vorgesetzter Bill und der Streifenpolizist sprechen umgangssprachliches Englisch.

Es handelt sich hier um einen Film aus der ersten Hollywood-Riege, und dieser Tatsache trägt die professionelle Synchronisation auch Rechnung. So ist den Synchronisateuren eine fast perfekte Lippensynchronität gelungen, besonders wenn man bedenkt, dass es in dieser Szene sehr viele Großaufnahmen gibt. Die Stimmen sind gut gewählt, Don Cheadle spricht mit seiner üblichen Synchronstimme, die zwar etwas freundlicher klingt als im Original, aber dennoch sehr passend ist, zumal die Zuschauer schon an sie gewöhnt sind. Auch Beams Stimme klingt sehr glaubwürdig. Sie ist tief und rau und klingt sehr bedrohlich. Auch die unsaubere Sprechweise wirkt sehr passend.

Unglücklicherweise fällt der Synchrontext etwas weniger zufriedenstellend aus. Der Textsinn wurde zwar richtig wiedergegeben, allerdings bleibt der Realismus der Originalfassung aufgrund einiger unglücklich gewählter Formulierungen manchmal auf der Strecke. Der Dialogautor ist sich der akzidentiellen Informationen, die ein Dialekt an die Zuschauer aussendet, durchaus bewusst, weshalb er für den Synchrontext eine stark jugendsprachlich gefärbte Umgangssprache wählt. Dies ist eigentlich der richtige Ansatz, um einen ähnlichen Effekt zu erzielen wie AAE in der Originalfassung, nämlich den Kontrast zu den weißen Charakteren zu verdeutlichen. Allerdings beweist der Dialogautor dabei nicht immer das richtige Gespür, so dass manche Formulierungen unglaubwürdig und für einen derart neuen Film teilweise zu antiquiert wirken. Einige Beispiele hierfür wären: „auf die Tube drücken", „tierisch viel", „Blödärsche" und „platt machen". Hört man diese vier Ausdrücke ohne Kontext, denkt man wohl eher an eine Jugendkomödie à la „American Pie" als an einen düsteren Cop-Thriller. Auch wenn es sich zweifellos um jugendsprachliche Begriffe handelt, klingen diese doch viel zu neckisch und auch nicht wirklich modern. Besonders einen Begriff wie „Blödärsche" würde jemand aus der deutschen Drogen- und Gangsterszene wohl nicht in den Mund nehmen, da es einfach viel zu harmlos und lustig klingt. Hier hätte einfach das englische „muthafuckas" übernommen werden sollen, oder zumindest durch einen expliziteren Begriff wie „Arschlöcher" oder „Schwanzlutscher" ersetzt werden müssen, besonders da die Lippensynchronität hier keine Rolle spielt, da der Sprecher nicht gezeigt wird. Statt „auf die Tube drücken" hätte man „etwas Tempo machen" oder „etwas Gas geben" sagen können, wobei der Störfaktor hier jedoch weitaus geringer ist als bei vorherigem Beispiel. Ein Alternative für „tierisch viel" wäre z.B. der vulgärere Ausdruck „scheiß viel", da Ersteres eher amüsant klingt, Letzteres hingegen in keinster Weise. Und statt „platt machen" hätte man beispielsweise „umlegen", „kalt machen" oder „fertig machen" sagen können, da sich „platt machen" eher nach einer Rauferei anhört, während die Alternativvorschläge drastischer klingen und dem Original näher kommen. Auch wenn es sich hierbei nur um ein paar wenige Stellen handelt, beeinträchtigen diese dennoch die Illusionswirkung des Films, da man anfängt, sich über die Synchronisation zu wundern und sich dieser somit auch wieder bewusst wird.

Allerdings muss dem Dialogautor sehr zu Gute gehalten werden, dass er einen derart lippensynchronen Text geschaffen hat. Zudem wird der Synchrontext den Anforderungen gesprochener Sprache gerecht, und klingt zu keiner Sekunde schriftsprachlich. Besonders der Satz „Als wir zurück zu den Projects kommen, und ich seh den Jungen, den die abgeknallt haben, und dann hör ich wieso" ist sehr gut konstruiert und wirkt sehr spontan und authentisch. Außerdem wurden die Slangausdrücke „shotgun" (Beifahrerseite) und „Ps" (Sozialbau) richtig verstanden und gut übersetzt. Besonders die Entscheidung „Ps" mit „Projects" zu übersetzen ist begrüßenswert, da dies sehr atmosphärisch wirkt, und da durch den Begriff „Sozialbau" eventuell falsche Assoziationen hervorgerufen werden würden. Interessant ist hier auch die Betonung der ersten Silbe, „PROjects", was der AAE-Phonetik entspricht und zeigt, dass sich die Synchronisateure durchaus mit AAE beschäftigt haben müssen.

Insgesamt ist zu sagen, dass in dieser Szene fast schon zu viel Jugendsprache verwendet wird. Durch die sehr informelle Sprache Tangos wird zwar *indirekte Äquivalenz* hergestellt, da die niedrige soziale Stellung der AAE-Sprecher verdeutlicht wird und da bestimmte Assoziationen, wie eine Abgrenzung von der normalen Gesellschaft, hervorgerufen werden. Allerdings erscheint der Kontrast zum Vorgesetzten Bill im Deutschen wesentlich stärker als im Original. Bill spricht in der Synchronfassung eine recht unauffällige Umgangssprache, während Tango eine sehr auffällige, nicht immer ganz glaubwürdige Jugendsprache spricht. Hier wurde der Unterschied zwischen den zwei Charakteren im Vergleich zum Original fast etwas überbetont.

In der nächsten analysierten Szene trifft Tango seinen Freund und Boss Cas wieder, der gerade aus dem Gefängnis entlassen wurde. Die Begegnung findet in einem Club statt, und verläuft anders als man im Vorhinein erwarten würde. Tango rempelt Cas an und die beiden beginnen vor den anderen Gästen mit einem verbalen Schlagabtausch. Gerade als man denkt, dass es nun zu einer physischen Auseinandersetzung kommt, fallen sich beide in die Arme und es wird klar, dass alles nur Spaß war.

LZ 25:40	
Cas: Betta watch where the fuck you walkin´, man.	Cas: Scheiße, pass auf wo du hinlatschst, du Wichser.
T.: Who the fuck is you talkin´ to?	T.: Wen wichst du hier an?
Cas: I´m talkin´ to you, muthafucka. Just watch where the fuck you walkin´.	Cas: Ich rede mit dir du Penner. Pass auf, wen du anrempelst, Wichser.
T.: Nigga, you betta watch where the fuck you livin´. If you wanna keep livin´. Watch your mouth.	T.: Nigga, pass besser auf, wo du deinen Schwanz schwingst. Wenn du ihn behalten willst. Sonst gibt's auf die Zwölf.
Cas: Watch your mouth. You betta watch your grill. Guard your grill, muthafucka. You might get it slapped.	Cas: Auf die Zwölf? Zähl erst mal bis elf. Du kriegst gleich auf die Zwölf, aber richtig.
T.: What you wanna do? You wanna get muthafuckin froggy. Jump muthafucka!	Was willst du machen? Wenn du´s wirklich drauf anlegen willst, dann trau dich doch, du Flachwichser.
Cas: What you wanna do, muthafucka?	Cas: Was willst du machen, Wichser?
T.: The fuck I´m gon do. What you wanna do?	T.: Was ich machen will? Was willst du machen, Feigling?
Cas: Yeah, I´m right here, too. Jump.	Cas: Ich steh genau vor dir, Flachwichser. Also mach!
T.: You jump, nigga!	T.: Mach du, Nigga!
Cas: What, throw some bows. Blink muthafucka, blink, blink, blink.	Cas: Zeig, dass du Mumm hast. Beweg dich Flachwichser, mach, mach, mach.

Im Vergleich zur vorher analysierten Szene ist Tangos AAE hier stärker ausgeprägt, da nur Schwarze zugegen sind. Dies lässt sich schon an Tangos erster Äußerung „Who the fuck is you talkin´ to?" erkennen. Es ist sehr typisch für AAE, die 3.Person Singular des Verbs „to be" für alle Personen zu verwenden. Auch eine *Copula Abscence* findet sich in einigen Sätzen, z.B. in „watch where the fuck you livin´", wo auf das „are" verzichtet wurde. Die *Copula Abscence* ist sehr charakteristisch für AAE und kommt normaler-weise in keinem anderen Dialekt vor. Auch das Wegfallen des *-r* am Wortende findet sich wieder, ebenso wie die Verkürzung des „-ing" Morphems. Und auch „I´m gon do" ist typisch für die Zeitenbildung im AAE.

Genau wie Tango spricht auch Cas stark ausgeprägtes AAE. Seine Ausdrucksweise ist der Tangos sehr ähnlich. Ebenfalls zu beachten sind die von beiden verwendeten *Wh-questions* „What you wanna do?", bei denen kein Hilfsverb vorangestellt wird. Dies ist ein weiteres Indiz für stark ausgeprägtes AAE, da dies im Standardenglischen nicht möglich ist.

Das Interessante an dieser Szene ist nicht nur, dass man den Undercoverpolizisten Tango hier zum ersten Mal in seiner Rolle als Drogendealer unter lauter Schwarzen erlebt, sondern auch, dass eine für AAE typische Sprachpraktik zum Einsatz kommt, nämlich das *Woofin'*, eine Form des *Signifyin'*. Die verbale Konfrontation zwischen den beiden Freunden ist rein spielerisch gemeint und besonders der Einsatz von Slang ist hier sehr interessant. So wird der metaphorische Slangbegriff „froggy" in Verbindung mit der Aufforderung „jump" verwendet. „Froggy" bedeutet, dass jemand nervös und kampfbereit ist, während „jump someone" im Slang „auf jemanden losgehen" bedeutet (vgl. www.urbandictionary.com). Somit bekommt das Bild vom springenden Frosch hier eine ganz andere Bedeutung. Auch der Ausdruck „throw some bows" ist sicherlich nicht jedem Amerikaner bekannt, allerdings wird aus dem Kontext klar, dass „Kämpfen" gemeint sein muss. „Bows" ist hier eine Abkürzung von „elbows".

Leider wurde das *Woofin'* nicht ganz zufriedenstellend ins Deutsche übertragen. Der Anfang der Szene ist noch sehr gut gelungen und wirkt weder peinlich noch unglaubwürdig. Besonders der Ausdruck „anwichsen" entspricht der Art Jugendsprache, die in solchen Filmen verwendet werden sollte: modern, realistisch und explizit. Zumal dadurch der Begriff „Wichser" aus dem vorherigen Satz noch einmal aufgegriffen wird. Auch die vulgäre Metapher im Satz „Pass besser auf, wo du deinen Schwanz schwingst" ist eine sehr gute Lösung und sogar einen Tick origineller als der Originaltext. Dies zeigt, dass es nicht unbedingt schlecht sein muss, wenn sich der Dialogautor etwas vom Original löst und eigene kreative Einfälle einbringt, zumal der Textsinn hier passend wiedergegeben wird. Allerdings kommt es dann aber zu einem Bruch. Die im Englischen recht klare Aufforderung „Watch your mouth", wird im Deutschen nicht mit so deutlichen Worten übersetzt. Es wird auf ein Wortspiel mit der Redewendung „Es gibt gleich auf die Zwölf" ausgewichen, was jedoch keine zufriedenstellende Lösung darstellt, besonders in Anbetracht der Tatsache, dass es an dieser Stelle gar nicht von Nöten gewesen wäre, einen bildlichen Ausdruck zu finden. Hier wirkt der Synchrontext eher unfreiwillig komisch und erinnert an die Dialoge in Nonsenskomödien, wie „Die Nackte Kanone" oder „Hot Shots", während diese Stelle im Englischen eher bedrohlich klingt. Auch die clevere Metapher vom nervösen, kampfbereiten Frosch bekommt im Deutschen kein angemessenes Äquivalent, da auf einen bildlichen Ausdruck ganz verzichtet wurde. Hier wäre „Willst du nur bellen oder beißen?" ein möglicher Übersetzungsvorschlag, bei dem auch die Labiale in angemessener Weise berücksichtigt werden. Und auch das Schimpfwort „Flachwichser" hört man heutzutage eigentlich nur noch in synchronisierten Filmen, da es eher eine Erscheinung der Neunziger ist. Wenn dieses Wort ab und an verwendet wird, um für etwas Abwechslung zu sorgen, ist dies nicht weiter störend, aber dass es hier dreimal hintereinander in kurzen Abständen fällt, ist zweifellos zu viel. Auch hier hätte am besten das englische Schimpfwort beibehalten werden sollen, was gleichzeitig das höchst mögliche Maß an qualitativer Lippensynchronität garantiert hätte.

In dieser Szene hätte besser auf das Wortspiel verzichtet werden sollen, da dadurch die Funktion der Originalfassung nicht beibehalten wird. Der Zuschauer bekommt hier den scheinbaren Ernst der Lage im Deutschen nicht wirklich zu spüren. Und auch aufgrund der Neutralisierung der Froschmetapher bleibt der Synchrontext etwas hinter dem Original zurück. Allerdings liefern die Synchronsprecher auch in dieser Szene gute Arbeit ab und ahmen die Intonation der zwei amerikanischen Stars sehr gut nach. Was die prosodischen Merkmale angeht, kommt die Synchronfassung der Originalfassung dadurch erstaunlich nah.

Die letzte untersuchte Szene spielt kurz nach dem Aufeinandertreffen von Tango und Cas. Die beiden verabschieden sich von ihren Bekannten, um sich auf der Dachterrasse des Clubs ungestört unterhalten zu können. Da diese Szene zu lang ist, um sie komplett zu transkribieren, sollen nur die relevantesten Stellen untersucht werden.

LZ 28:45	
Cas: Yo Tango, let me holla at you for a second. (*Zu den anderen*) Hold it down. Keep it tight.	Cas: Hey yo Tango, ich muss mal kurz was mit dir bequatschen. (*Zu den anderen*) Ihr bleibt ruhig. Kein Scheiß.
Auf dem Dach	*Auf dem Dach*
Cas: Talked to Rodrigo 'bout you, man.	Cas: Ich hab mit Rodrigo über dich geredet, Mann.

T.: Word?	T.: Wirklich?
Cas: Yeah, y´all should link up. Hit you with the digits later.	Cas: Klar, solltet euch treffen. Die Details kriegst du später.
T.: Let me holla at the connect, cool man.	T.: Endlich quatsch ich mit der Connection, cool.
Cas: But he told me though, he said y´all muthafuckas movin´ some weight.	Cas: Aber er hat mir gesteckt, er meinte, dass ihr jetzt die harten Sachen vertickt.
T.: Oh yeah B, bringin´ that shit in 90% pure. You step on that shit like Gregory Hines, it still gon outlast everybodys´.	T.: Oh ja, Alter. Wir kriegen 90% reinen Stoff. Das Zeug haut dich um wie Mike Tyson, Mann. Ist genug für die ganze Stadt.

Auch in dieser Szene verwenden Tango und Cas recht ausgeprägtes AAE. So spricht beispielsweise Tango das Wort „connect" aufgrund der *Cluster Reduction* wie „connec" aus. Auch die *Copula Abscence* findet man in einigen Sätzen, wie z.B. in „[…]y´all muthafuckas movin´ some weight". Und es werden auch einige Slangausdrücke verwendet, wie „holla" (reden), „weight" (Kokain), „hold it down" und „keep it tight" (Haltet die Stellung).

Besonders interessant für die Evaluierung der Synchronisation sind Letztere, da hier die sogenannte *semantische Inversion* zum Einsatz kommt. Anders als in der Synchronfassung sind weder „Hold it down" noch „Keep it tight" als Ermahnungen gemeint. Die Originalaussagen sind vielmehr ermutigender Natur, so dass eine Übersetzung wie „Haltet die Stellung" eigentlich angebracht wäre. Auch wenn diese Stelle für die Handlung nicht relevant ist und es durch die Fehlübersetzung zu keinem Missverständnis kommt, so wird doch deutlich, dass die *semantische Inversion* einem nicht fachkundigen Übersetzer, was Rohübersetzer in den meisten Fällen ja sind, durchaus Schwierigkeiten bereiten kann. Ebenfalls zu bemängeln ist die Übersetzung von „holla", einem der beliebtesten afroamerikanischen Slangworte, mit dem umgangssprachlichen Begriff „(be)quatschen", was keine optimale Lösung darstellt. Das deutsche Verb klingt sehr harmlos und erinnert eher an einen freundschaftlichen Kaffeklatsch, weshalb es nicht gerade die ideale Wahl für ein geschäftliches Gespräch zwischen zwei Drogendealern ist. Daher wären auch andere umgangs-, bzw. jugendsprachliche Begriffe wie „quasseln" oder „labern" hier völlig fehl am Platz. Es sollte deshalb am besten das Standardverb „reden" verwendet werden. Dadurch wird der Slang zwar neutralisiert, wodurch etwas an Atmosphäre verloren geht, aber es werden wenigstens keine falschen Assoziationen geweckt.

Es gibt jedoch auch in dieser Szene einige gute Lösungen. Das Verb „verticken" klingt sehr authentisch, da es dem Vokabular der deutschen Drogenszene entnommen ist, und somit passende Assoziationen hervorgerufen werden. Eine weitere gute Entscheidung bei der Wortwahl war der Ausdruck „er hat mir gesteckt", der der Unterhaltung ebenfalls eine informellere Note verleiht und nach zwielichtigen Machenschaften klingt. Auch der Anglizismus „connection" ist eine gute Wahl, da so gut wie alle Zuschauer den Begriff verstehen werden und da er zur Atmosphäre beiträgt. Auch die Gregory Hines-Metapher wurde im Deutschen gut wiedergegeben. Gregory Hines war ein berühmter afroamerikanischer Stepptänzer und Schauspieler, worauf das Verb „to step" anspielt. Was jedoch genau mit der Metapher „You step on that shit like Gregory Hines, it still gon outlast everybodys'" gemeint ist, ist höchstwahrscheinlich selbst vielen Amerikanern ein Rätsel. Der Slangausdruck „to step on" bedeutete in Amerika „eine Droge strecken" (vgl. www.urbandicitionary.com). Da Gregory Hines ein virtuoser Stepptänzer war, soll durch die Metapher ausgedrückt werden, dass man das Kokain aufgrund des hohen Reinheitsgrades sehr stark strecken kann und es dennoch stärker ist als die Konkurrenzprodukte. Durch die deutsche Metapher wird zwar nicht ganz das Gleiche ausgedrückt, allerdings wird auch durch diese der hohe Reinheitsgrad und die somit starke Wirkung der Droge verbildlicht. Und auch im Deutschen wird hierbei auf einen berühmten Afroamerikaner angespielt.

Im weiteren Verlauf der Unterhaltung kommt Cas nun auf seine anderen Untergebenen zu sprechen, von denen er äußerst enttäuscht ist. Außerdem dankt er Tango für dessen Hilfe.

Cas: But on the straight though. Just wanna say thank you, man. The lawyer you turned me onto. Shit, I don´t know what that muthafucka did, but whateva it was. I wouldn´t have won that appeal if it wasn´t for him.	Cas: Ich würd mich gern mal bei Dir bedanken, dieser Anwalt den du mir besorgt hast, ich weiß nich, was für Schrauben der gedreht hat, aber was es auch wahr, ohne deinen Rechtsverdreher hätt ich die Berufung nich gewonnen.
T.: Ah man, that was nothin´.	T.: Ach Mann, das war doch nichts Großes.

Cas: Nothin´? Bullshit. Yo man, I *BIN* runnin´ with Red and them, *BIN* runnin´ with them muthafuckas since free lunch, and not one, not one of them muthafuckas came to see me, man. Not a card, not a visit, not a magazine, none. You different though.	Cas: Nichts Großes? Laber keinen Scheiß. Yo Mann, ich häng mit Red und so ab, häng mit den Flachwichsern ab seit dem Kindergarten. Und keiner von denen, keiner von den Flachwichsern hatte die Idee, mich zu besuchen, Mann. Keine Karte, kein Besuch, kein Pornoheft, gar nix. Du bist anders, Alter.

Was hier wieder einmal auffällt, ist die Tatsache, dass die phonologischen Eigenheiten des AAE das Verständnis des Gesagten ungemein erschweren können. So ist das Wort „straight" ohne Untertitelung kaum zu erkennen, da es aufgrund der *Cluster Reduction* wie „strai" ausgesprochen wird. Ebenfalls interessant an dieser Stelle ist die Verwendung des *Aspectual Markers BIN*. Mithilfe dieses Markers wird stets die Zeitkomponente einer Aussage betont. Die Verwendung ist hier nicht nur schmückendes Beiwerk, sondern soll betonen, wie lange Cas die Anderen schon kennt, was seine Enttäuschung über deren Verhalten erklärt. Dem Marker kommt hier somit eine emphatische Funktion zu.

Diese Nuance kann im Deutschen jedoch nicht wiedergegeben werden. Ansonsten ist dieser Teil der Szene jedoch recht gut übersetzt, das Einzige was, wie bereits zuvor, wirklich zu bemängeln wäre, ist die Übersetzung von „muthafuckas" mit „Flachwichser". Die Tatsache, dass dieser „jugendsprachliche" Begriff schon 1982 in dem Film „Nur 48 Stunden" zu hören war, lässt erahnen, dass es sich nicht gerade um einen sehr modernen Ausdruck handelt.

Abgesehen davon gibt es nichts zu beanstanden, besonders als Cas über seinen Anwalt spricht, macht die Synchronisation einen guten Eindruck, da treffende informelle Ausdrücke wie „Schrauben drehen" und „Rechtsverdreher" gefunden wurden, die seine Skepsis gegenüber der Staatsgewalt deutlich machen. Allerdings ist zu sagen, dass die Bezeichnung „muthafucka" für den Anwalt im Englischen wohl nicht abschätzig gemeint ist, da dieser ja gute Arbeit geleistet hat. Wie bei der Semantik bereits besprochen, können manche Ausrücke im AAE auf vielerlei Weise verstanden werden. Dennoch ist „Rechtsverdreher" keine schlechte Lösung, zumal es in der Praxis oftmals vorkommt, dass man sich gewisse Freiheiten erlaubt. So wurde in dieser Szene z.B.

auch „magazine" zum „Pornoheft", was ebenfalls nicht weiter störend wirkt und die niedrige soziale Stellung der schwarzen Kriminellen verdeutlichen soll.

Betrachtet man nun die Dachszene als Ganzes kann man sagen, dass die Synchronisation auch hier einen recht zufriedenstellenden Eindruck macht. Es wurde versucht, der Tatsache, dass sich hier zwei Drogendealer in stark dialektal gefärbtem Englisch unterhalten, Rechnung zu tragen, indem eine sehr informelle Jugend-, bez. Umgangssprache verwendet wurde. Dabei fallen nur einige Ausdrücke wie „Flachwichser" negativ auf. Auch in dieser Szene wäre etwas weniger Jugendsprache wohl mehr gewesen. Zu der Leistung der Synchronsprecher ist zu sagen, dass diese sich auch in dieser Szene stark an der Intonation der Hollywoodstars orientieren, was bei der Synchronisation keineswegs immer der Fall ist. Besonders Synchronsprecher von Wesley Snipes, Torsten Michaelis, der auch anderen schwarzen Schauspielern wie Chris Tucker seine Stimme leiht, besitzt ein großes Talent, wobei er jedoch nicht ganz an das gewaltige Stimmvolumen von Snipes herankommt.

Zusammenfassung:

Abschließend ist zu „Brooklyn´s Finest" zu sagen, dass es sich hierbei um einen durchaus professionell synchronisierten Film handelt, was wohl daran liegt, dass es sich um einen großen Kinofilm mit großem Budget und hochkarätiger Besetzung handelt. Die Synchronsprecher sind durchweg gut ausgewählt worden und die Schwarzen heben sich auch in der deutschen Fassung durch ihre Stimmen und ihre Sprechweise deutlich von den weißen Charakteren ab. Dass einige der Nebenfiguren auch von schwarzen Sprechern synchronisiert wurden, könnte durchaus vermutet werden. Auf jeden Fall wurde versucht, die Intonation der afroamerikanischen Sprecher so gut wie möglich nachzuahmen. Die Charaktersynchronität kann also durchweg als gelungen bezeichnet werden.

Doch nicht nur auf suprasegmentaler Ebene werden die Unterschiede zwischen Schwarz und Weiß deutlich. Auch auf Textebene wurde versucht, die (meist kriminellen) Schwarzen von den anderen Filmfiguren abzugrenzen, indem sie im Gegensatz zu den weißen Charakteren eine stark jugendsprachlich gefärbte Umgangssprache verwenden. AAE genießt in den USA, wie bereits erwähnt, sehr geringes Ansehen und es herrschen viele Vorurteile über AAE-Sprecher. So bedienen auch einige der Charaktere in „Brooklyn´s Finest" das Klischee vom kriminellen gewalttätigen Schwarzen. Da es bei der Synchronisation nicht möglich ist, einen deutschen Dialekt zu verwenden, der ähnlich negativ konnotiert ist, wie vielleicht ein Berliner Dialekt, wurde versucht, durch die Verwendung von überregionaler Jugendsprache die niedrige soziale Stellung der schwarzen Charaktere zu verdeutlichen und gewisse Assoziationen, wie geringe Bildung oder eine Affinität zu Drogen und Kriminalität, die mit der deutschen Jugendsprache einhergehen, zu wecken. Der Versuch auf diese Weise eine *indirekte Äquivalenz* herzustellen ist auf jeden Fall die richtige Vorgehensweise, besonders da in diesem Film die Unterschiede zwischen schwarzen und weißen Filmfiguren essentiell für die Filmhandlung sind. Besonders als von Tango verlangt wird, seinen Freund Cas zu verraten, drängt sich dem Zuschauer der Gedanke auf, dass sich Tango und Cas eigentlich wesentlich ähnlicher sind als Tango und seine weißen Vorgesetzten, die ja eigentlich auf der gleichen Seite des Gesetzes stehen, da die zwei Schwarze eben die gleiche Sprache sprechen.

Doch auch wenn es richtig ist, zu versuchen, *indirekte Äquivalenz* herzustellen, birgt dies dennoch immer Gefahren. Bei jugendsprachlichen Formulierungen den richtigen Ton zu treffen ist eine schwierige Gratwanderung, da Jugendsprache etwas sehr dynamisches ist, und sich ständig im Wechsel befindet. Daher können Formulierungen, die älteren Menschen hip und jugendsprachlich erscheinen mögen, in den Ohren vieler junger Menschen veraltet und peinlich klingen. Und so scheint auch den Synchronisateuren von „Brooklyn´s Finest" manchmal das richtige Verständnis und Gespür für eine jugendliche Sprache zu fehlen. So finden sich vor allem einige Beleidigungen wie „Blödarsche", „Arschnutte", „Spacko" oder das sehr häufig vorkommende „Flachwichser", die eher an einen Film aus den Neunzigern erinnern, und heutzutage eher peinlich und lächerlich klingen. Auch Kleinigkeiten wie die Tatsache, dass der jugendsprachliche Begriff „breit" eigentlich nicht für einen Alkohol- sondern für einen Drogenrausch verwendet wird, zeugen von teilweise mangelndem Fachwissen über jugendsprachliche Ausdrücke.

Allerdings sind die deutschen Dialoge, von einigen unpassenden jugendsprachlichen Formulierungen abgesehen, sonst sehr gut geschrieben. Der Lippensynchronität wurde viel Aufmerksamkeit geschenkt, so dass es hier nie zu einer auffälligen Asynchronität kommt. Gleichzeitig wirken die Dialoge sehr natürlich und klingen nie schriftsprachlich. Trotzdem muss man sagen, dass das Gesamtpaket nicht mit dem Original konkurrieren kann, da die englische Fassung einige sehr interessante Slangmetaphern enthält, und da der Film in der deutschen Fassung aufgrund einiger unpassender jugendsprachlicher Formulierungen nicht den Realismus und die Authentizität des Originals versprüht. Allerdings kann man die Originalfassung nur mit sehr guten Englischkenntnissen und einem gewissen Grundwissen über AAE wirklich genießen, zumal auf der deutschen DVD keine englischen Untertitel enthalten sind. Somit ist die Synchronfassung für den normalen Filmfan die einzige Option, und keinesfalls eine enttäuschende.

3.2.2 Weiße Jungs bringen's nicht (1992)

Hierbei handelt es sich um einen Kultkomödie, die sich auch heute noch großer Beliebtheit erfreut. Der Film spielt in der schwarzen Basketballszene von Los Angeles. Sidney (Wesley Snipes) ist der König des Basketballplatzes von Venice Beach. Er ist schwarz, athletisch, gutaussehend und hat ein großes Mundwerk. Als er eines Tages von dem lächerlich aussehenden, weißen Billy (Woody Harrelson) besiegt wird, will sich Sidney mit diesem zusammentun, um das große Geld zu machen. Billy wird aufgrund seiner Hautfarbe und seiner Erscheinung von den anderen Schwarzen nicht ernst genommen, und genau diese Tatsache machen sich die Beiden zunutze, um andere Zweierteams zu hohen Wetten zu verleiten und diese anschließend zu besiegen. Allerdings kann Billy nicht mit Geld umgehen und wird von zwei Kredithaien verfolgt, und auch Sidney spielt zunächst ein doppeltes Spiel mit ihm.

Beim sogenannten „Streetball" kommt es nicht nur zum sportlichen Wettstreit, sondern auch zum verbalen. Es wird stets versucht den Anderen durch Beleidigungen in Rage zu bringen und so dessen Konzentration zu stören. Dies nennt sich „Trash Talk" und ist eng verbunden mit der Tradition des *Signifyin'* und dem *Playin' the Dozens*. Da Billy und seine Freundin die einzigen weißen Charaktere des Films sind, wird viel AAE gesprochen und die für AAE typischen kommunikativen Praktiken sind für einen Großteil des Humors verantwortlich.

In der ersten untersuchten Szene kommt es zwischen den zwei Spielern Junior und George zu einem Streit über den Punktestand. Als Sidney (S.) Georges (G.) Mutter ins Spiel bringt, kommt es zur verbalen Auseinandersetzung zwischen den Beiden.

LZ 6:00	
Junior: Nine eight? Yo, get the fuck outta here. It's nine eight us. You dumb?	Junior: Neun zu Acht für euch? Soll das ein Witz sein, ihr spinnt wohl, Jungs!
G.: If you could fuckin' count, you'd be a fuckin' astronaut. It's nine eight us.	G.: Junior, wenn du zählen könntest wärst du doch Astronaut geworden. Es steht Acht zu Neun für uns.

Junior: Oh really?	Junior: Ach tatsächlich?
S.: Oh man, George, your mother is an astronaut.	S.: Quatsch nicht George. Ist deine Mama etwa Astronaut?
Andere Spieler: He talked about your mama, man. He playin' you for a punk. He playin' you and your mama for a punk. I wouldn't take it.	Anderer Spieler: Hast du das gehört, der zieht über deine Mama her. Der will Dich glatt verarschen, merkst du das nicht? Das kannst du doch nicht auf dir sitzen lassen.
George will Sidney angreifen, wird aber zurückgehalten	*George will Sidney angreifen, wird aber zurückgehalten*
George (*aufgebracht*).: Hey, my mama ain't no astronaut! My mother ain't no astronaut! Say it, say it!	George (*aufgebracht*).: Hey, Meine Mutter ist kein Astronaut! Meine Mutter ist kein Astronaut! Na los, sag es!
S.: Allright, you mother ain't no astronaut, your father ain't no astronaut. Astronauts ain't nothin' to do with nothin'.	S.: Na schön, deine Mutter ist kein Astronaut, dein Vater ist kein Astronaut. Der Scheiß hier hat gar nichts mit Astronauten zu tun, Ok?
G.: Yeah, my mother ain't no astronaut. You understand me?	G.: Ja, meine Mama ist kein Astronaut. Hast du's kapiert?
G.: George man, me sayin' that your mother is an astronaut. That's just another way of sayin' that you all fucked up.	S.: Ich sag dir was, Mann. Wenn ich sage, dass deine Mutter ein Astronaut ist, heißt das nichts weiter. Das bedeutet nur, dass du abgefuckt bist.
G.: Yeah, cool. Well let's just get off our mamas. Cause I just got off yours. Keep my mama outta this, brother.	G.: Ja, verstehe. Halten wir doch ganz cool unsere Mamas da raus. Denn ich war grad in deiner drin. Also halten wir unsere Mamas da raus, Brother.
S.: She's out. She's out.	S.: Ok, sie is raus. Sie is raus
G.: Cool, cool	G.: Cool, cool.
S. (*im Weggehen*): She's out. What time you want me to bring the bitch back? (*Allgemeines Gelächter*)	S. (*im Weggehen*): Sie ist raus. Und wann soll ich dir deine Mutti wiederbringen? (*Allgemeines Gelächter*)

Da in dieser Szene nur Schwarze zugegen sind, wird recht stark ausgeprägtes AAE gesprochen. Einige Belege hierfür sind z.B. die *Copula Abscence* in „He playin' you for a punk", das Hilfsverb „ain't" und *non-inverted questions*. Besonders interessant zu beobachten sind auch die *multiple negations*, wie z.B. in „My mama ain't no astronaut" oder „Astronauts ain't nothin to do with nothin'". Durch die mehrmalige Wiederholung soll dem Zuschauer ganz klar deutlich gemacht werden: hier handelt es sich um AAE. Auch die Sprechweise und Intonation der Charaktere ist typisch für Afroamerikaner. Besonders Junior verfällt immer wieder ins Falsett, was sehr typisch für AAE-Sprecher ist. Vor allem in Komödien wird dies aufgrund des humoristischen Effekts auch gern auf die Spitze getrieben. Und auch die anderen Darsteller zeichnen sich durch eine große „pitch range" aus und spielen viel mit ihrer Stimme.

Dieses Charakteristikum wurde in der Synchronfassung etwas abgeschwächt und es fällt auf, dass fast alle schwarzen Charaktere im Deutschen eine von Haus aus höhere Stimme haben als im Original. Jedoch ist dies nicht weiter störend, da der Hauptdarsteller Wesley Snipes einen der besten deutschen Synchronsprecher hat, dessen Stimme druckvoll genug für den sehr explosiven Schauspieler ist und perfekt zu diesem passt. Auch die Synchronitätsanforderungen werden erfüllt und Abweichungen bei der Lippensynchronität werden nur bei genauer Konzentration auf die Mundbewegungen erkannt.

Der einzige wirkliche Kritikpunkt ist, dass Sidneys finaler Seitenhieb, mit dem er auch die verbale Auseinandersetzung für sich entscheidet, im Deutschen nicht wirklich verständlich ist. Es ist nicht ersichtlich, was Sidneys letzte Frage mit der Aussage „Sie ist raus" zu tun haben soll. Im Original spielt Sidney auf die Doppeldeutigkeit der Aussage „She's out" an, was nämlich auch bedeuten kann, dass Georges Mutter nicht zu Hause, sondern unterwegs ist. Somit ergibt auch die Frage „What time you want me to bring the bitch back?" hier einen Sinn. Des Weiteren ist Sidneys Ton in der Originalversion etwas rauer, da er Georges Mutter eine „bitch" nennt, während im Deutschen daraus „Mutti" wurde. Eine bessere Alternative für die deutsche Übersetzung „Sie ist raus" wäre hier „Sie ist draußen", da dies die gleiche Doppeldeutigkeit wie im Englischen besitzen würde. Warum die Synchronisateure nicht auf diese Lösung gekommen sind, ist etwas rätselhaft.

Abgesehen hiervon, wurde die verbale Konfrontation sehr gut ins Deutsche übersetzt. Es handelt sich bei diesem Gespräch um ein gutes Beispiel für die AAE-Sprachpraktik *The Dozens*. Und da diese einigen Amerikanern und sicherlich so gut wie allen Europäern zur damaligen Zeit nicht bekannt war, stellt diese Szene eine gute Einführung in diese kommunikative Praktik dar. Obwohl George ein Afroamerikaner ist, scheint er das Konzept von *The Dozens* nicht zu kennen. Und so erklärt Sidney ihm und damit auch dem Publikum, dass die Kommentare über Georges Mutter nicht wörtlich zu verstehen sind. Hierbei ist positiv zu erwähnen, dass im Deutschen die Anglizismen „abgefuckt" und „brother" verwendet wurden. Dies war für die damalige Zeit gewiss recht fortschrittlich. Auch Georges Antwort auf die Aussage von Sidney wurde sehr gelungen übersetzt; so wurde ein obszönes Wortspiel mit den konträren Begriffen „drin" und „raus" erdacht. Dies entspricht dem Wortwitz der Originalversion, in der mit der Doppeldeutigkeit von „get off" gespielt wird.

Somit ist abgesehen von der letzten Pointe eine sehr gute Synchronisation zustande gekommen, der man ihr Alter nicht anmerkt. Der absurde Streit darüber, ob Georges Mutter nun ein Astronaut ist oder nicht, ist im Deutschen genauso amüsant und unterhaltsam wie im Englischen, besonders aufgrund der anfänglichen Ernsthaftigkeit. Dies beweist, dass eine AAE-Sprachpraktik wie *Playin' the Dozens* auch im Deutschen ihre (meist humoristische) Funktion durchaus erfüllen kann.

Ähnlich wie in oben erwähnter Pointe stellte auch folgendes Wortspiel die Synchronisateure vor eine große Herausforderung. Als Billys Freundin Gloria in der 54. Minute von Sidneys Frau Geld fordert, da Sidney seinen Geschäftspartner Billy hintergangen hat, lehnt diese zunächst ab. Dennoch ist sie bereit, bei einer Tasse Kaffee darüber zu reden. Als Sidneys Frau fragt, ob Gloria ihren Kaffee mit Milch (cream) oder Zucker (sugar) mag, zoomt die Kamera auf deren Gesicht und sie erwidert mit ernster Miene „Milch". Diese Einstellung wirkt in der deutschen Fassung etwas merkwürdig, ist jedoch im Original recht clever. Gloria erwidert „cream", was, wie bereits erwähnt, ein Slangbegriff für Geld ist. An dieser Stelle ist es nicht möglich den Slang der Originalversion äquivalent ins Deutsche zu übersetzen und der Wortwitz der englischen Fassung bleibt hier zwangsläufig auf der Strecke.

Die nächste untersuchte Szene ist ebenfalls sehr interessant, da nun der weiße Billy die Sprachpraktiken der Schwarzen aufgreift und diese damit zur Weißglut treibt. Billy und Sidney haben sich nach ihrem Streit zusammengerauft und treten nun gemeinsam bei einem Turnier an, bei dem es um viel Geld geht. Um Sidney zu ärgern beleidigt Billy ununterbrochen die anderen Spieler, ganz so wie Sidney und die anderen Schwarzen es sonst immer tun. Im Folgenden sollen nun die zwei interessantesten Stellen näher beleuchtet werden.

Als sich Billy (B.) ganz unverblümt über die zwei besten Spieler im Turnier, Flight und Willie, lustig macht, beleidigen diese ihn ebenfalls, indem sie sich über Billys Herkunft lustig machen.

LZ 58:00	
Willie: You and your Cream of Wheat man take your ass back to Mayberry. And tell Aunt Bee she better have my bean pies or I´ma kick her ass.	Willie: Gut, dass du mit deiner Buttercremetorte hier verschwindest. Verpisst euch aufn Heuboden. Und grüß deine Mama, sie soll mir ja meinen Bohnenkuchen machen, sonst kriegt sie nen Tritt in Arsch.
B.: Look at you two, Lurch and Morticia.	B.: Wie war das, Lurch und Morticia?

An dieser Stelle ist lediglich die Zukunftsform "I´ma" ein wirkliches AAE-Merkmal. Somit müssen auch keine akzidentiellen Informationen berücksichtigt werden, die Herausforderung bei dieser Szene besteht in der Übersetzung der verwendeten Kulturspezifika. „Cream of Wheat" ist eine Art Haferbrei, der in Amerika sehr beliebt ist. Auf der Packung ist meistens ein grinsender schwarzer Koch zu sehen, der eine Schüssel Brei in der Hand hält. Somit soll der weiße, unappetitlich aussehende Brei Billy symbolisieren, während Sidney der fröhlich grinsende Schwarze sein soll. „Mayberry" ist eine fiktive Gemeinde in Virginia, die für die amerikanische Soap Opera „The Andy Griffith Show" erdacht wurde. Dieser Ort gilt in den USA als Epitom des verschlafenen Südstaatennestes. Damit spielt Willie auf Billys starken Südstaatendialekt an. „Aunt Bee" ist eine Bewohnerin von „Mayberry" und bekannt für ihren Bohnenkuchen, sie soll hier wohl Billys Mutter darstellen. „Lurch" und „Morticia" sind zwei Charaktere aus der (auch in Deutschland bekannten) Show „Die Addams Family". Lurch ist der große hässliche Butler und Morticia ist die Mutter in der Familie. Billy spielt damit auf die äußere Erscheinung der Kontrahenten an, von denen einer sehr hoch gewachsen und nicht sehr attraktiv ist, und der andere sehr weiche Gesichtszüge hat.

Auch an dieser Stelle handelt es sich um klassisches *Signifyin´*. Der Kontrahent wird nicht einfach plump beleidigt, sondern Willie mokiert sich mithilfe von Anspielungen indirekt über Billys Herkunft. Dabei werden sehr viele Kulturspezifika aus der amerikanischen Popkultur verwendet, was auch das Hauptproblem bei der Übersetzung darstellt. Kulturspezifika sind Dinge, die typisch für einen bestimmten Kulturraum sind und normalerweise nur dort bekannt sind. Daher können sie bei Übersetzungen meist nicht übernommen werden. Der amerikanische Frühstücksbrei ist in Deutschland nicht bekannt und wurde daher durch ein anderes Lebensmittel ersetzt, das ebenfalls mit der Farbe Weiß assoziiert wird. Dem Begriff „Buttercremetorte" fehlt zwar das semantische Merkmal *unappetitlich aussehend,* allerdings erinnert der deutsche Begriff an einen Kosenamen für einen Partner, so dass ein Liebesverhältnis zwischen Sidney und Billy impliziert wird, was der Komik sehr dienlich ist. Dies zeigt, dass bei der Synchronisation oft Kreativität und Humor gefragt ist. Auch das Kulturspezifikum „Mayberry" kann nicht beibehalten werden. Die Übersetzung mit „Heuboden" stellt wohl die optimale Lösung dar, da genau die gleiche Botschaft übermittelt wird: Geh zurück auf deine Farm, Bauerntrampel. Und auch der Rollenname „Aunt Bee" kann nicht übernommen werden und wird im Deutschen mit „Mutter" übersetzt. Dies ist ebenfalls eine gute Entscheidung, es wird nur das ausgesprochen, was im Original sowieso angedeutet wird. Die Namen „Lurch" und „Morticia" sind die einzigen Kulturspezifika, die im Deutschen beibehalten werden. Da „Die Addams Family" allerdings auch in Deutschland sehr bekannt ist, kann man hieran nichts aussetzen.

Es kann also allgemein gesagt werden, dass die Synchronisateure hier sehr gute Arbeit geleistet haben. Die Kulturspezifika wurden nicht durch deutsche Äquivalente ersetzt, die höchstwahrscheinlich falsche Assoziationen ausgelöst hätten, sondern mit allgemeinen Begriffen übersetzt, so dass sowohl der Textsinn als auch die Funktion beibehalten wurden. Es zeigt sich somit, dass es generell keine schlechte Idee ist, Kulturspezifika zu neutralisieren und mit allgemeinen Begriffen wiederzugeben.

Die nächste zu untersuchende Stelle schließt fast unmittelbar an die vorherige an. Obwohl Billy von Sidney weggezerrt wird, da es diesem zu peinlich wird, lässt es Billy nicht gut sein und beleidigt Flight und Willie gleich wieder. Nach einem Fehlwurf macht sich Billy über ihre Trefferquote lustig. Doch diesmal ist seine Beleidigung so gut, dass sie nicht mehr gekontert wird.

LZ 59:20	
B.: What is this? A mason´s convention? Clank, Clank. I´ll need like a welding torch to play in this league here. I got an idea. Let´s stop right now and let´s	B.: Was ist denn los? Ihr braucht wohl nen größeren Korb, wie? Clank, Clank. Wenn ihr so viele Hungerbälle werft, solltet ihr bei Brot für die Welt um Unterstützung

just gather up all these bricks and let´s build a shelter for the homeless, so that maybe your mother has a place to live. Alright?	bitten. Ich hätt da ne Idee, wir sammeln all diese Hungerbälle ein und versteigern sie bei der Aktion Sorgenkind. Seid ihr einverstanden? Und vom Geld könnt ihr euch nen guten Trainer leisten und nächstes Jahr dürft ihr es nochmal versuchen.
Willie: Fuck you, great white!	Willie: Ach fuck you, du Großmaul!

Billy ist kein Afroamerikaner und spricht auch kein AAE, allerdings hat Woody Harrelson wie immer einen sehr starken Südstaatendialekt, weshalb er stets etwas trottelig klingt. Der Dialekt wird in der deutschen Synchronisation völlig neutralisiert und Billy spricht recht hochsprachliches Deutsch, wodurch der Charme und die Komik der Originalversion jedoch etwas auf der Strecke bleiben.

Der Grund warum diese Szene betrachtet werden soll ist, dass es sich hier um einen klassischen *Snap*, also eine Mischform aus *Signifyin´* und The *Dozens´* handelt. Und auch wenn Billy kein Schwarzer ist, so imitiert er hier dennoch deren Sprachpraktiken, da er es satt hat, zu hören, was Weiße alles nicht können. Bei dem englischen Original-dialog handelt es sich um ein hervorragendes, höchst amüsantes Wortspiel mit dem Slangwort „brick", was „Fehlwurf" bedeutet. Dieses Wort wurde in eine komplexe Metapher eingebaut, in deren Verlauf auch die Mutter des Kontrahenten ins Spiel gebracht wird, wie es für *The Dozens* üblich ist.

Im Deutschen wurde versucht, die Metapher auf ähnliche Weise nachzubauen. In Anbetracht der Tatsache, dass es fast unmöglich ist, den Witz des Originals zu errei-chen, stellt die deutsche Lösung mit den „Hungerbällen" eine annehmbare Lösung dar. Die umgangssprachliche Redewendung „der Ball ist verhungert" stand dabei Pate für diesen Neologismus. Allerdings ist die Erwähnung der Organisation „Aktion Sorgen-kind" problematisch, da es sich hierbei um eine deutsche Institution handelt, die in einem amerikanischen Film nichts verloren hat. Wird sich der Zuschauer dieser Proble-matik bewusst, wird er sich damit auch schlagartig wieder der Synchronisation bewusst, und fängt an über diese nachzudenken, was vermieden werden muss. Hier wäre „ […] und versteigern sie für einen guten Zweck" wohl eine bessere Lösung gewesen, da Kulturspezifika vermieden werden und somit kein Konflikt entsteht. Dennoch ist zu sagen, dass die Metapher auch dann nicht ganz logisch ist, denn wieso sollten die

„Hungerbälle" verkauft werden. Eine insgesamt passendere Lösung wäre jedoch durchaus möglich gewesen, besonders da der Sprecher Billy ab „welding torch […]" nicht mehr zu sehen ist und erst nach „[…] bricks" wieder im Bild erscheint. So etwas ist für die Synchronisation immer ein großer Glücksfall, da die Lippensynchronität dann völlig ignoriert werden kann. Daher soll folgender Alternativvorschlag gemacht werden: „Was ist das? Etwa ein Schrottplatz? Clank, Clank. Ganz ehrlich, ihr solltet Schrotthändler werden statt Basketball spielen. Ich hab ne Idee. Wir sammeln den ganzen Schrott, den ihr werft, und dann bauen wir ne Hütte für eure Mamas, denn sonst müssen eure Muttis unter der Brücke schlafen." Beim Basketball ist es absolut üblich, „Schrott werfen" zu sagen, weshalb man sich auch im Deutschen die Doppeldeutigkeit dieses Begriffs zunutze machen kann. Daher wäre diese Lösung wesentlich näher am Original und auch die Labiale würden an ähnlichen Stellen fallen wie im Original.

Bei den bisher analysierten Szenen handelt sich um die interessantesten und schwierigsten, weshalb weitere Szenen, die meist recht gut synchronisiert wurden, nicht genauer besprochen werden sollen.

Zusammenfassung:

Es ist insgesamt zu sagen, dass „Weiße Jungs bringen´s nicht" für einen beinahe zwanzig Jahre alten Film mit einer durchaus überzeugenden Synchronisation aufwarten kann. Die Lippen- und Nukleussynchronität ist zufriedenstellend und Abweichungen werden nur bei genauer Beobachtung erkannt. Allerdings wird die Charaktersynchronität nicht in gleichem Maße erreicht. Besonders die Stimmen von Billy und seiner Freundin Gloria wissen nicht wirklich zu überzeugen. Letztere spricht in der Synchronfassung einwandfreies Hochdeutsch, während sie im Original einen starken spanischen Akzent hat, der auch im Deutschen leicht hätte nachgeahmt werden können. Billy hat in der englischen Fassung einen sehr starken, lustig klingenden Südstaatendialekt, worüber sich die Schwarzen auch oft mokieren. In der deutschen Fassung spricht er aber nun mit der relativ „attraktiv" klingenden Synchronstimme von Keanu Reeves, was recht unpassend erscheint, auch wenn man die Originalfassung nicht kennt. Deshalb sind Billys Parts auf Deutsch auch bei Weitem nicht so komisch wie im Original. Allerdings wurde sein schwarzer Counterpart Sidney hervorragend synchronisiert, so dass hier die Lacher erhalten bleiben und man von echter Charaktersynchronität sprechen kann. Wesley Snipes hat in Echt eine extrem tiefe und volumenreiche Stimme, die allerdings, wie für Afroamerikaner üblich, oftmals sehr in die Höhe geht und beinahe schrill wirkt. Snipes Synchronstimme ist zwar nicht so tief wie im Original, dafür ist sie aber ebenfalls sehr kraftvoll und verfügt über einen sehr individuellen und markanten Klang. Auch die Stimmmodulation erinnert stark an den schwarzen Star. Somit wird zumindest ein Hälfte des Duos dem Original gerecht.

Doch nicht nur die Stimmen sind wichtig, sondern auch, was diese sagen. Es handelt sich bei diesem Film um eine Komödie, die hauptsächlich von ihrem Wortwitz lebt. Dieser wird vor allem durch das Einbeziehen von AAE-Sprachpraktiken, wie *Signifyin'* und *Playin' the Dozens,* erreicht. Daher musste versucht werden, diese „Beleidigungen" so ins Deutsche zu übertragen, dass der humoristische Effekt beibehalten wird. Dies gestaltet sich jedoch schwieriger, als man zunächst annehmen würde, da dabei oftmals Wortspiele mit Slangbegriffen zum Einsatz kommen. So machten sich die amerikanischen Drehbuchautoren die Tatsache zunutze, dass Standardwörter wie „brick" auch eine divergierende Slangbedeutung haben, mit der dann ein Wortspiel konstruiert wurde. Solche Doppelbedeutungen lassen sich natürlich im Deutschen nicht immer entsprechend finden, weshalb die Dialoge an manchen der analysierten Stellen nicht ganz so clever und durchdacht wirken wie im Original. Dennoch wären auch hier passendere Lösungen nicht unmöglich gewesen, was durch die Alternativvorschläge aufgezeigt werden sollte.

Doch nicht nur Slangbegriffe sind schwer ins Deutsche zu übertragen, auch Kulturspezifika, die in diesem Film häufig vorkommen, stellen für die Synchronisateure eine große Herausforderung dar. Es hat sich bei der Untersuchung dieses Filmes gezeigt, dass es am besten ist, diese, wenn möglich, zu übernehmen oder ansonsten zu neutralisieren. Die Anspielungen auf Charaktere aus den Serien „The Brady Bunch" und „The Addams Family" wurden auch im Deutschen übernommen, während Anspielungen auf die Serie „The Andy Griffith Show" durch allgemeine Begriffe wie „Bauerntrampel" oder „Heuboden" ersetzt wurden. Auch wenn hierdurch etwas Lokalkolorit verloren geht, so werden doch Textsinn und Funktion der betreffenden Stellen äquivalent wiedergegeben. Das Einfügen des deutschen Kulturspezifikums „Aktion Sorgenkind" hingegen wirkt unlogisch und beeinträchtigt die Illusionswirkung des Films, was verdeutlicht, dass das Integrieren deutscher Kulturspezifika vermieden werden muss.

Die vielen Beschimpfungen und Flüche wie „fuck" oder „muthafucka", die an manchen Stellen im Sekundentakt fallen, wurden nicht eingedeutscht, sondern entweder entfernt oder wörtlich übernommen. Dies war auf jeden Fall die richtige Entscheidung, vor allem in Anbetracht der Tatsache, dass dies in der Synchronbranche zur damaligen Zeit keineswegs üblich war, man denke z.B. an die „Stirb Langsam" Reihe, in der „motherfucker" mit „Schweinebacke" übersetzt wurde. Die englischen Ausdrücke tragen auf jeden Fall zu einer gewissen Glaubwürdigkeit der Sprache bei.

Es ist jedoch zu sagen, dass Authentizität bei dieser Komödie eine weitaus geringere Rolle spielt als z.B. in „Brooklyn´s Finest". In Letzterem soll ein düsteres und realistisches Bild vom Ghetto gezeichnet werden, weshalb Begriffe, die lustig, peinlich oder allzu harmlos klingen, vermieden werden mussten. Solche Überlegungen müssen bei „Weiße Jungs bringen´s nicht" nicht angestellt werden, da sich dieser Film durch eine sonnige Atmosphäre auszeichnet und der Humor ganz klar im Vordergrund steht. Somit hat das Herstellen von *indirekter Äquivalenz* hier auch keine besondere Bedeutung, denn negative Assoziationen mit AAE-Sprechern oder das Aufzeigen eines geringeren sozialen Status sind auch in der Originalfassung nicht wirklich von Bedeutung für den Film, zumal die einzigen weißen Charaktere in diesem Film eine noch geringere soziale Stellung haben. Die akzidentiellen Informationen an den amerikanischen Zuschauer können somit vernachlässigt werden. Entscheidend ist nicht die Außenwirkung von AAE, sondern wie dieses bei der Kommunikation von Schwarzen untereinander verwendet wird. Daher ist auch die in der Synchronfassung verwendete Sprache ganz darauf ausgelegt, die Angebereien und Beleidigungen möglichst lustig wiederzugeben. Somit stören auch Übersetzungen wie „Dummbeutel" für „chump", die in einem ernsten Film unpassend wären, nicht, da alles, was lustig klingt, erlaubt ist, egal wie ungebräuchlich es auch sein mag.

Daher soll auch nicht näher darauf eingegangen werden, in welchem Grad hier realistische Umgangs- oder Jugendsprache verwendet wird, da dies niemanden im Publikum interessiert, solange man nur zum Lachen gebracht wird. Es zeigt sich also, dass der Fokus bei Komödien ein ganz anderer ist und authentische Jugendsprache nicht wirklich von Nöten ist, weshalb auch mehr Freiheiten bei der Wortwahl bestehen. Es zeigt sich jedoch auch, dass gerade bei der Synchronisation von Komödien viel Kreativität und Humor gefragt sind.

3.2.3 Black & White (1999)

Es handelt sich hierbei um ein Ensembledrama mit großen Stars wie Robert Downey Jr., Ben Stiller, Jared Leto, Elijah Wood, Claudia Schiffer und Mike Tyson. Der Film handelt von der Faszination, die die schwarze Hip Hop-Szene New Yorks auf reiche Jugendliche aus gutem Hause auswirkt. Eine Reporterin (Brooke Shields) verfolgt eine Gruppe Jugendlicher, die die Nähe zu schwarzen Rappern sucht. Diese sind zwar irritiert vom Verhalten der Weißen, gewähren ihnen aber dennoch einen Blick in ihre Welt. Die Rapper haben vielmehr mit internen Problemen zu kämpfen, die sie dazu zwingen, wieder an ihre gewalttätige Vergangenheit anzuknüpfen.

In diesem Film wird von den Schwarzen stark ausgeprägtes AAE gesprochen, was auch logisch ist, da Schwarz und Weiß ja kontrastiert werden sollen. Dies lässt bereits der Name des Films erahnen. Die Sprache der Afroamerikaner und vor allem die vorkommenden Raps machen dabei einen hundertprozentig realistischen Eindruck, da teilweise echte Rapgrößen wie Reakwon oder Method Man vom Wu-Tang Clan verpflichtet wurden.

In der ersten untersuchten Szene übt ein Mitglied der Rapgruppe einen Text ein.

LZ 16:00	
Yo, check the situation that I´m facin´	Ich kann es mal zusammenfassen, ist nicht leicht, die alten Wege zu verlassen
It´s getting hard to find my way out	
My mind is made out	Man macht sich mehr als einmal Gedanken übers Leben
And I´m a step from gettin´ laid out	
Shit hit the fan, I´m going straight out	Darf´s denn außer dem hier was anderes geben?
No doubt, and don´t give a damn ´bout gettin´ played out	
	Wohl kaum. Wird´s eng bin ich nicht mehr zu sehen
I´m desperate, on a death wish. Man, man perfected	N Problem mit irgendwas ist nicht einzusehen
Using procedures without reasons because it´s hectic	Stimmt, der Tod ist voll stressig, aber ich bleib voll lässig
Bein´ confined to a 9 to 5 wasn´t my exit	
Stayin´ in the game and flippin´ caine is what I´m left with	Mach irgendwas, dreh voll durch und werd gehässig
Props embottled, was a tough act to follow	Frag nich. Schuften jeden Tag, is was ich nich mag
Many kids they did never live to see tomorrow	Stark will ich sein und Kohle machen mit krummen Sachen
Clientele fine and swell, in the meantime uncut blow flow	Also doch lieber n fetten Schlitten und n paar hübsche Titten, und n Kaliber von

Heads formin´ cheese lines …(*bricht ab*)	Joint, der ist dein Freund …(*bricht ab*)

Da solch ein „Freestylerap" in höchstem Maße charakteristisch für die afroamerikanische Jugendkultur ist, wird auch eine entsprechende Sprache verwendet. Dennoch
unterscheidet sich hier hauptsächlich die Aussprache vom Standardenglischen, z.B.
wird „death" als „def" ausgesprochen, und man kann den „Lines" (wie die Verse
genannt werden) ansonsten eigentlich gut folgen. Nur einige Slangbegriffe wie „caine",
„blow" oder „cheese" (alles für Kokain) erschweren das Verständnis.

Aufgrund der Tatsache, dass die deutsche Synchronisation jenseits alles Akzeptablen
liegt, soll diese Stelle nicht zu ausführlich besprochen werden, und auch der Inhalt des
Gesagten soll nicht genauer analysiert und verglichen werden. Bei der deutschen
Übersetzung handelt es sich nicht um einen Rap, was wohl auch nicht fachkundige
Zuschauer sofort merken werden. Die deutsche Synchronisation erinnert hier eher an
einen Kinderreim. Die 4/4 Takt-Struktur eines echten Raps wird vollkommen ignoriert,
was sich zwar anhand des Textes nicht wirklich erkennen lässt, beim Ansehen jedoch
jedem auffällt, der nur etwas Rhythmusgefühl hat. Auf einem Beat (Hip Hop-
Instrumental) wäre der deutsche Freestyle ein heilloses Durcheinander ohne jegliche
Struktur. Auch Lines wie „Der Tod ist voll stressig, aber ich bleib voll lässig" wirken
wie ein schlechter Scherz und erinnern eher an eine Hip Hop-Parodie; vor allem in
Anbetracht der Tatsache, dass das Original einige interessante Lines zu bieten hat, wie
„Bein´ confined to a 9 to 5 wasn´t my exit. Stayin´ in the game and flippin´ caine is
what I´m left with"[16]. Auch die deutsche Stimme des Rappers klingt absolut unpassend,
sie ist viel zu hoch und erinnert eher an einen schmächtigen Jugendlichen.

Es ist an dieser Stelle fraglich, ob die Synchronisateure überhaupt eine ernstgemeinte
Synchronisation abliefern wollten, da man sich des Gefühls nicht erwehren kann, dass
sie ihrer Frustration einfach freien Lauf gelassen und aus allem einen Witz gemacht
haben. Das Ausmaß an unfreiwilliger Komik in dieser Szene kann fast nicht mehr
übertroffen werden, und es ist schwer vorstellbar, dass professionelle Synchronisateure
sich dieser Tatsache nicht bewusst waren. Man kann sagen, dass es keinerlei Äquivalenz
beim Textsinn und bei der Funktion gibt, da der Zuschauer zum Lachen gebracht und

---

[16] Aufgrund des Slangs soll eine Übersetzung genannt werden:
„An einen normalen Beruf gefesselt zu sein, ist für mich kein Ausweg
Daher kommt für mich nichts anderes in Frage, als weiterhin Drogen zu verkaufen"

nicht zum Nachdenken angeregt wird. Auch der Lippensynchronität wurde nur die nötigste Beachtung geschenkt und aufgrund der unpassenden Stimme wird auch keine Charaktersynchronität erreicht. Hier wäre es am besten gewesen, die englische Spur beizubehalten und einfach zu untertiteln, auch wenn hierunter die Illusionswirkung etwas gelitten hätte. Einen deutschen Rap zu kreieren wäre zwar nicht unmöglich, allerdings mit erheblich mehr Aufwand verbunden gewesen, als das Synchronstudio bereit war zu investieren.

Die letzte zu untersuchende Stelle ist ein Gespräch zwischen Rich Bower (R.) (Oliver „Power" Grant), dem Anführer der Rapgruppe, und dem Boxer Mike Tyson (M.), der sich selbst spielt. Rich sucht Rat, da er nicht weiß, was er mit seinem Freund Dean machen soll, der ihn verraten hat.

LZ: 57:30	
R.: You know that cat Dean and shit? He got arrested for some bullshit and he kinda like try to stagnate my process. You know what I´m sayin´? Where I came from as to where the fuck I´m goin´. You know I´m sayin´.	R.: Du kennst doch Dean, oder? Den ham sie wegen irgend nem Scheiß gecasht, und jetzt versucht er, irgendwie die Scheiße zu stagnieren. Verstehst du was ich sage? Bedingt durch da, wo ich herkomme, und da, wo ich hinwill, kommt mir das gar nicht zu passe, verstehst du?
M.: That´s the age-old story, Brotha. Deceit, treachery.	M.: Das ist die uralte Geschichte, Bruder. Täuschung und Verrat.
R.: Dude is in a stretch. He gon fuck me, he gon get me rocked, so he can save himself basically. You know I´m sayin´? He gon try to… it´s police business and all this shit.	R.: Der Kerl steckt in der Klemme, da kennt der nur noch eins: Wie er mich ficken kann, wie er mich irgendwie anpissen kann, um verdammt nochmal seine Haut zu retten. Verstehst du was ich sage? Der versucht jetzt… ist wieder die übliche Bullenkiste und der ganze Scheiß, Mann.
M.: So, this is what you´re telling me. Listen, this is what I´m deciphering from your vernacular. You fucked with a nigga,	M.: Ich krieg die Vibrations von dem, was du rüberbringen willst, voll mit. Also, wenn ich das, was du sagst richtig deute,

he got in trouble and he told on you?	dann hast du dich mit dem Nigga eingelassen, der hat Zoff gekriegt und jetzt kriegen sie dich am Arsch.
[...] (*Mike rät Rich, seinen Freund zu ermorden*)	[...] (*Mike rät Rich, seinen Freund zu ermorden*)

An dieser Stelle findet man ebenfalls stark ausgeprägtes AAE, da das Gespräch zwischen zwei Schwarzen stattfindet, die es zwar mittlerweile zu Reichtum gebracht haben, aber dennoch ihre Herkunft nicht verbergen können. Besonders Rich spricht so stark ausgeprägtes AAE, dass sogar Mike Tyson, der ebenfalls im Ghetto aufgewachsen ist, sagt, „[...]this is what I´m deciphering from your vernacular". So verkürzt Rich das „-ing" Morphem stets zu „-in´", er verwendet die Zukunftsform „gon" und er benutzt Slang wie „cat" (Typ), „Dude is in a stretch" (steckt in der Klemme). Außerdem gebraucht er den von Schwarzen gerne verwendeten Ausspruch „You know I´m sayin´?".

An dieser Stelle kommt es nicht zu einem völligen Totalausfall, wie bei der zuvor untersuchten Rapszene. Dennoch hinterlässt auch diese Szene einen mehr als ambivalenten Eindruck. Zunächst einmal ist zu sagen, dass Richs Gedanken auch im Englischen mehr als unklar formuliert werden, und der Dialog eher einen improvisierten Eindruck macht. Diesen Eindruck bekommt man auch beim Sehen der deutschen Synchronfassung. Und Formulierungen wie „gecasht" oder „Bullenkiste" klingen auch nach glaubhafter Jugendsprache.

Allerdings muss man sagen, dass vor allem Richs erster Gesprächsbeitrag im Deutschen nur als „dumm" bezeichnet werden kann. Während in der Originalfassung noch halbwegs verständlich wird, was gemeint ist, ist in der deutschen Version nur der Anfang noch nachvollziehbar. Dass Dean von der Polizei erwischt wurde, kann noch verstanden werden, was allerdings mit „[...] versucht er die Scheiße zu stagnieren" gemeint ist, ist ein Rätsel. Im Deutschen kann man das Verb „stagnieren", im Gegensatz zum englischen Pendant „to stagnate", nur intransitiv verwenden. Ob absichtlich „falsches" Deutsch verwendet wurde, um *indirekte Äquivalenz* herzustellen, kann man nicht wirklich sagen, aber die deutsche Aussage ist und bleibt völlig sinnlos. Und auch der Satz „Bedingt durch da, wo ich herkomme, und da, wo ich hinwill, kommt mir das gar nicht zu passe, versteht du?" ist ein Musterbeispiel für eine schlechte Synchronisation. Zunächst wird wieder einmal „falsches" Deutsch verwendet, gefolgt jedoch von dem Ausdruck „zu passe kommen", der sehr hochsprachlich und beinahe schon poetisch klingt. Es kommt hier also zu einem extremen Stilbruch, der jegliche Bemühung, *indirekte Äquivalenz* herzustellen, verpuffen lässt. Eine mögliche Lösung wäre hier: „Du kennst doch Dean, oder? Der wurde gecasht wegen irgend nem Bullshit und jetzt will er mein Geschäft versauen. Weißt du was ich mein? Wo ich herkomm´, nennen wir sowas abfucken. Verstehst du was ich sag?". Es werden zwar inhaltliche Änderungen vorgenommen, aber die Lippensynchronität wird so gut wie möglich berücksichtigt und die Funktion wird immerhin beibehalten.

Die nächsten zwei Beiträge von Mike und Rich sind akzeptabel, was den Textsinn angeht, allerdings bleibt die Lippensynchronität oftmals auf der Strecke, da der deutsche Text sehr viel länger ist als der englische. Auch wenn eine Änderung nicht unbedingt notwendig wäre, soll ein Alternativvorschlag genannt werden, bei dem den Synchroni-tätsanforderungen mehr Beachtung geschenkt wird:

„Der Kerl sitzt in der Scheiße. Und dann fickt der mich, da will der mich verkaufen, damit der dumme Wichser freikommt. Verstehst du was ich mein? Der denkt jetzt er … ist wieder diese Bullenkiste und der ganze Scheiß." Da sich diese Version mehr an den Worten, Silben und Labialen der Originalversion orientiert, würden Richs Lippen- und Körperbewegungen besser zum Gesagten passen.

Mikes Antwort auf Richs Ausführungen stellt nun aber wieder einen absoluten verbalen Fehlgriff dar. „Ich krieg die Vibrations von dem, was du rüberbringen willst, voll mit" klingt nach einer Parodie auf Jugendsprache in Reinkultur. Solche Formulierungen richten ungemeinen Schaden an und kontaminieren die Glaubwürdigkeit des ganzen Films. Hier hätte Mike einfach sagen sollen: „Also, das ist es was du mir sagen willst."

Es ist also insgesamt zu sagen, dass auch diese Stelle nicht gut synchronisiert wurde. Die Stimmen sind akzeptabel und Mike Tyson lispelt wie in Echt auch. Allerdings wurde der Lippensynchronität nur die nötigste Beachtung geschenkt, weshalb der Film einen sehr „billigen" Eindruck macht. Die oben kritisierten Dialogteile machen einen sehr dilettantisch übersetzten Eindruck. Man kann zusammenfassend sagen: Der Textsinn wird einigermaßen äquivalent transportiert, indirekte Äquivalenz wird nicht hergestellt und die Funktion wird somit auch nicht wirklich beibehalten, da der deutsche Zuschauer diese Stelle in keinster Weise mehr ernst nehmen kann. Natürlich handelt es sich auch beim Original nicht gerade um einen elaborierten Dialog, und das bereits erwähnte „[…]this is what I´m deciphering from your vernacular" hat auch einen gewissen ironischen Beigeschmack, der im Deutschen allerdings mit dem Holzhammer serviert wird. Auch das Original soll vermutlich nicht ganz ernst verstanden werden, aber dies wird viel subtiler erreicht als in der synchronisierten Fassung.

Da die zwei untersuchten Szenen exemplarisch für den ganzen Film sind, sollen keine weiteren Szenen untersucht werden.

Zusammenfassung:

Bei „Black & White" handelt es sich um einen sehr unprofessionell synchronisierten Film. Allein schon die Auswahl der Synchronsprecher ist Grund genug, auf die englische Tonspur zu wechseln und die Untertitel einzuschalten. So bekommt beispielsweise der Rapper Method Man, der auch in Deutschland große Berühmtheit genießt, eine viel zu hohe und viel zu dünne Stimme auferlegt, die mit diesem 1,90 Meter Hünen unvereinbar scheint. Erschwerend hinzu kommt, dass aufgrund seiner Musik vielen Zuschauern seine echte Stimme bekannt ist, die sehr tief und rau ist. Auch sein Bandkollege Raekwon, der zumindest Rapfans ein Begriff ist, wurde mit einer vollkommen unpassenden Stimme versehen. Raekwon gilt als Raplegende, er hat mit seinem Album „Only Built for Cuban Linx" einen Meilenstein abgeliefert, der auch nach über 15 Jahren immer noch als Referenz in der Rapszene gilt. Seine markante, bedrohlich klingende Stimme hat viel zu seinem Erfolg beigetragen, und daher ist es umso erstaunlicher, wie wenig Mühe sich das Synchronstudio gegeben hat, einen halbwegs passenden Sprecher zu finden. Raekwon spricht im Deutschen mit einer viel zu hohen Stimme, er hat eine sehr undeutliche Aussprache und einen starken ausländischen Akzent, so dass er eher an einen Jugendlichen mit südländischen Wurzeln erinnert. Hier kommt es bei der Charaktersynchronität zu einer so starken Asynchronität, dass man Reakwons Filmfigur beim besten Willen nicht mehr ernst nehmen kann. Doch nicht nur die Schwarzen fallen durch unpassende Stimmen auf, auch weiße Schauspieler wie Ben Stiller sprechen mit sehr unpassenden Stimmen. Lediglich Robert Downey Jr. hat seine übliche Synchronstimme, die gut zu ihm passt.

Doch nicht nur bei der Auswahl der Stimmen hat man sich wenig Mühe gegeben. Auch der Synchrontext ist qualitativ nicht gerade hochwertig und zeugt von mangelndem Respekt und mangelnder Sensibilität für AAE und Jugendsprache. Man muss den Synchronisateuren zwar zugutehalten, dass versucht wurde durch jugendsprachliche Formulierungen *indirekte Äquivalenz* herzustellen, allerdings wirkt die Jugendsprache manchmal derart überzeichnet, dass man glaubt, man hätte es mit einer Parodie zu tun.

Dadurch wird die Funktion stark beeinträchtigt und der Film hinterlässt im Deutschen einen gänzlich anderen Eindruck als im Original. Hierzu tragen auch vor allem die deutschen Rapszenen bei, die sowohl textlich als auch formal absolut dilettantisch sind und äußerst peinlich wirken. Hier merkt man besonders, wie unmotiviert die Synchronisateure waren. Da es sich jedoch um einen Film mit großen Namen handelt, und somit wohl auch ein entsprechendes Budget zur Verfügung stand, lässt sich diese Einstellung aber nicht wirklich erklären. An „Black & White" zeigt sich, dass die Synchronisation von AAE einem Film tatsächlich das Genick brechen kann. Es wäre besser gewesen alle Charaktere perfekte Hochsprache sprechen zu lassen, als halbherzig zu versuchen, pseudojugendsprachliche Dialoge zu fabrizieren, die am Ende nur unfreiwillig komisch wirken.

3.2.4 Menace II Society (1993)

Bei dem letzten analysierten Film handelt es sich um einen Klassiker des „schwarzen" Kinos. „Menace II Society" war einer der ersten Filme, der in ungeschönter Weise das Leben in den schwarzen Ghettos depiktiert hat. Die Hauptfigur des Films ist der 18-jährige Caine (Tyrin Turner), der in Watts, einem gefährlichen Viertel von L.A., lebt und schon in seiner Kindheit mit Drogen und Gewalt in Berührung kam. Da seine Eltern schon früh gewaltsam gestorben sind, lebt er bei seinen Großeltern und zieht den ganzen Tag mit seinen Freunden um die Häuser. Sie alle sind in kriminelle Machenschaften verwickelt, und besonders sein 17-jähriger Freund O-Dog (Larenz Tate) scheint keinerlei Skrupel zu kennen, da er tötet ohne mit der Wimper zu zucken. Als Caine bei einem Überfall verwundet und sein Cousin erschossen wird, rächt sich Caine mit seinen Freunden und stellt fest, dass auch er fähig ist, einen Menschen zu töten. Als die Freundin von Caines Mentor, der eine lebenslange Gefängnisstrafe verbüßt, Caine ihre Liebe gesteht und ihn bittet, mit ihr die Stadt zu verlassen, fängt dieser erstmals an, sich über sein Leben Gedanken zu machen. Es ist für ihn allerdings schon zu spät, um der Gewaltspirale zu entkommen und noch bevor er die Stadt verlassen kann, holt ihn die Vergangenheit ein.

In diesem Film wird sehr stark ausgeprägtes AAE gesprochen, da alle Figuren schwarz sind und aus der tiefsten Unterschicht kommen. Wie der ganze Film wirken auch die Dialoge extrem realistisch und absolut ungeschönt.

In der ersten zu untersuchenden Szene sind Caine, O-Dog und ihr Kumpel Stacey mit dem Auto unterwegs. Sie wollen Caines (C.) Cousin rächen, doch Caine hat Bedenken, dass Unschuldige verletzt werden könnten. O-Dog (O.) ist dies jedoch völlig egal, er ist zu allem bereit.

LZ 28:15	
O.: Shit Nigga, I smoke anybody, Nigga. Shit, I just don´t give a fuck. (*zu Caine*) Hit this shit, Nigga.	O.: Scheiße Nigga, ich knips alles aus, was dasteht. Ist mir völlig egal. (*zu Caine*) Hier, zieh noch einen durch, Nigga.
C.: Look, not me, alright? I´m not killin´ no kids.	C.: Hör zu, das kannst du ohne mich. Ich hab gesagt, ich schieß nich auf Kinder.
O.: You know what, my Nigga? You act like a lil´ bitch right now. You actin´ real paranoid and shit. Now these muthafuckas smoked your goddamn cousin in front of you, Nigga. Blew his head off in front of your face. And you ain´t gon do shit? You actin´ like a lil´ bitch right now, Nigga. Man fuck that, I ain´t lettin´ that shit ride. We gon go there and smoke all these muthafuckas and I don´t care who the fuck out there. (*zu Stacey*) Is you down, nigga?	O.: Soll ich dir was sagen, Nigga? Du stellst dich an wie n kleines Mädchen, verstanden? Ziehst hier voll den Paranoia-Arsch durch und so n Scheiß. Du lässt diese beiden Wichser einfach so deinen Cousin abknallen. Direkt vor deiner Nase, Nigga. Die haben ihn direkt vor Dir in Fetzen geschossen und du tust n Scheiß dagegen. Du stellst dich genauso an, als ob du ne Fotze wärst, Nigga. Aber auf dich scheiß ich. So n Riesenscheiß läuft nicht. Wir fahren da hin und dann machen wir die kleinen Penner fertig, und ich scheiß drauf, wer da rumsteht. (*zu Stacey*) Ziehst du´s durch, Nigga?

In dieser Szene wird starkes AAE gesprochen. Und besonders O-Dogs Aussagen sind äußerst explizit und misogyn. Einige Indizien für AAE sind die doppelte Verneinung in „I´m not killin´ no kids", die *Copula Abscence* in „You actin´ real paranoid[…]", die Zukunftsform „ain´t gon do" und die Form „Is you". Es kommt auch viel Slang zum Einsatz wie „smoke" (erschießen), „hit that shit" (nimm einen Zug) oder „I ain´t lettin´ that shit ride" (das lass ich nicht zu). Interessant ist auch die Frage „Is you down, nigga?", da es hier zu einer *semantischen Inversion* kommt. „Down" bezeichnet hier etwas positives, so dass die Frage bedeutet „Bist du dabei?".

Auch die Übersetzung „Ziehst du´s durch, Nigga?", für die die Synchronisateure sich entschieden haben, trifft den Sinn genau. Doch nicht nur hier macht die Synchronfassung einen guten Eindruck. Die Stimmen wurden sehr gut gewählt und erinnern stark an die echten Stimmen der Darsteller. Auch der verächtliche Tonfall O-Dogs und seine hitzige Sprechweise wurden sehr gut nachgeahmt. Die Lippensynchronität ist ebenfalls mehr als zufriedenstellend, doch die wahre Herausforderung in dieser Szene war die Nukleussynchronität. O-Dog gestikuliert wild herum und unterstreicht so seine Aussagen. Auch in der deutschen Fassung wirken die Gesten nie deplatziert, da der Synchrontext genau auf diese abgestimmt wurde. Und auch die Intonation wirkt sehr natürlich und passt zu den Körperbewegungen. All dies zeugt bereits von großer Professionalität.

Doch auch der Inhalt des Gesagten weiß zu überzeugen. Der Synchrontext orientiert sich stark am Original, so dass der Textsinn fast 1:1 wiedergegeben wird. Auch die Funktion wird beibehalten, da mithilfe von jugendsprachlichen Formulierungen ein hohes Maß an *indirekter Äquivalenz* hergestellt wird. Die Jugendsprache wirkt dabei sehr glaubwürdig und kaum veraltet, obwohl dieser Film schon beinahe 20 Jahre alt ist. „Ich knips alles aus" und „Hier zieh noch einen durch" sind sehr passende Übersetzungen für die englischen Slangausdrücke, so dass das Straßenflair des Originals gut eingefangen wird. Auch die Übersetzung von „lil´ bitch" mit „kleines Mädchen" ist eine gute Lösung. Zwar ist hier die Synchronfassung weniger explizit als die Originalfassung, aber dem Wort „Schlampe" fehlt, im Gegensatz zu „bitch", das semantische Merkmal *feige,* weshalb nicht die richtigen Assoziationen geweckt würden, da das Wort „Schlampe" im Deutschen hauptsächlich mit Promiskuität in Verbindung gebracht wird. „Ziehst hier voll den Paranoia-Arsch durch und so n Scheiß" klingt zwar recht ungewöhnlich, aber nicht lächerlich oder unglaubwürdig. Die Formulierung kommt wohl von der Redewendung „Eine Nummer durchziehen". Das Wort „Arsch" anzuhängen war eine gute Idee, da dies in der Jugendsprach absolut üblich ist, man denke nur an „Affenarsch", „Blödarsch", „Fettarsch" usw. Auch das Verwenden des Tabuwortes „Fotze" war eine gute Entscheidung, da es O-Dogs verrohte Art und seine misogyne Einstellung gut zum Ausdruck bringt. Ebenfalls zu begrüßen ist, dass „muthafuckas" nicht mit „Flachwichser", „Schweinebacken" oder Ähnlichem übersetzt wurde. „Kleine Penner" ist zwar nicht so drastisch wie der englische Begriff, aber es klingt wenigstens glaubhaft und nicht nach Synchrondeutsch, wie die oben genannten Begriffe.

Man kann also insgesamt sagen, dass die Synchronisation an dieser Stelle keinerlei Anlass zur Kritik gibt. Der Textsinn wird vollständig transportiert und die verwendete

Jugendsprache klingt absolut authentisch und zu keinem Moment peinlich. Dadurch wird ein sehr hohes Maß an indirekter Äquivalenz erzielt und der grimmige Dialog hat in beiden Sprachfassungen die gleiche Wirkung auf den Zuschauer, so dass man sagen kann, dass die Funktion eigentlich vollständig beibehalten wird. Die jungen Gangster, und vor allem O-Dog, wirken verroht und rücksichtslos und die deutsche Jugendsprache, die bei vielen ebenfalls solche Assoziationen auslöst, unterstreicht dies sehr gut.

In der nächsten untersuchten Szene findet ein Gespräch zwischen einem schwarzen Kriminellen, der mit O-Dog befreundet ist, und einem weißen Kunden statt. Dieser möchte, dass ein spezielles Automodell gestohlen wird. Da das Gespräch in Watts stattfindet, merkt man dem weißen Kunden (W.) seine Verunsicherung an. Der Gangster (G.) willigt zwar ein, dass Auto zu besorgen, lässt den Weißen aber seine Abneigung deutlich spüren.

LZ 38:44	
G.: Yeah, I hook you up. Alright. Be here tomorrow night, 'bout a, 'bout 10:30.	G.: Ja, den kannst du haben. Alles klar. Morgen Abend kannst du ihn abholen, so gegen halb elf würd ich sagen.
W.: I-I'm sorry. Did you mean tomorrow night?	W.: V-Verzeihung hast du grade morgen Abend gesagt?
G.: D-D-Do I stutter, muthafucka?	G.: S-Seit wann stotter ich, du blöder Wichser?
W.: No, no problem. Tomorrow night that's fine.	W.: N-N-Nein kein Problem.
G.: Did I stutter, muthafucka? What? You scared to come to this neighbourhood at night, muthafucka? Ha?	G.: Hey, stotter ich etwa, du blöder Wichser? Was ist? Traust dich wohl abends nicht mehr in diese Gegend, du blöder Wichser? Hä?
W.: (flüstert) No problem.	W.: (flüstert) Kein Problem.
G.: You ain't too scared to have the black man steal for your punk-ass, is you? Man, get the fuck outta here. Don't bring your narrow ass over here; throw 'em back to	G.: Hast keine Angst, den schwarzen Mann für dich stehlen zu lassen, du feiges Sackgesicht? Mann los, verpiss dich endlich. Du kotzt mich an. Und komm

the Westwood, where you belong. Hope you find your way down Compton Avenue, muthafucka.	bloß nicht wieder mit zugekniffenem Arsch an. Hau ab nach Westwood, dort gehörst du nämlich hin. Hoffentlich verläufst du dich nicht auf der Compton Avenue, du blöder Wichser.

Man könnte sagen, dass in dieser Szene zwei Klischees aufeinandertreffen. Der ängstliche schmächtige Weiße mit Brille und Hemd, dem die Welt der Schwarzen nicht geheuer ist, und der aggressive schwarze Gangster im Unterhemd, der alle Weißen verachtet. Damit dieser Kontrast zur Geltung kommt, spricht der Schwarze stark ausgeprägtes AAE, während der Weiße normales Standardenglisch spricht. Seine Sprache, seine zittrige Stimme und sein spießiges Aussehen lassen ihn in den heruntergekommen Sozialbauten völlig deplatziert wirken. Einige AAE-Merkmale sind der Slangausdruck „I hook you up" (ich mach das klar), die Frage „You scared to come to this neighbourhood at night, muthafucka?", bei der es zu keiner Inversion kommt, die Verneinung „ain´t", und auch die Aussprache ist typisch für AAE, so wird „out of" wie „outta" oder „about" wie „'bout" ausgesprochen.

Man kann sagen, dass auch diese Szene sehr gut ins Deutsche übertragen wurde. Die deutschen Stimmen sind gut gewählt, der Weiße klingt sehr ängstlich, während sich der Schwarze aggressiv anhört und so seine Indignation über den Weißen deutlich wird. Man muss sagen, dass sich der Gangster in der deutschen Fassung sogar noch verächtlicher und gereizter anhört als in der englischen Fassung, was gut zu dieser Szene passt. Somit wird ein hohes Maß an Charaktersynchronität erreicht. Doch auch die Lippen- und Nukleussynchronität fällt nie negativ auf.

Und der Synchrontext weiß ebenfalls zu überzeugen. Der Textsinn wird sehr genau wiedergegeben. Auch die hierfür verwendete Jugendsprache klingt überzeugend. Es ist positiv zu bemerken, dass das oft vorkommende „muthafucka" mit „blöder Wichser" übersetzt wurde. Hierbei wird die qualitative Lippensynchronität berücksichtigt, da ebenfalls zwei Labiale vorkommen, und im Gegensatz zu Ausdrücken, wie beispielsweise „Flachwichser", klingt diese Beleidigung wesentlich beiläufiger und ungekünstelter. Auch die wörtliche Übersetzung von „narrow ass" mit „zugekniffenem Arsch" ist eine gute Lösung, da nicht ganz klar wird, was im Englischen genau damit gemeint ist. Es ist für den Zuschauer jedoch in jedem Fall ersichtlich, dass auf das ängstliche Verhalten des Weißen angespielt wird.

Das einzig Problematische an dieser Szene sind die Kulturspezifika, die direkt übernommen wurden. „Westwood" ist eine der besten Gegenden von Los Angeles und bekannt für seine vielen Villen (vgl. www.wikipedia.com). Dies dürfte jedoch nur den wenigsten deutschen Zuschauern bekannt sein. Zwar wird aus dem Kontext klar, dass es sich um einen Ort handeln muss, der sich vom Ghetto stark unterscheidet, dennoch weiß man nicht, ob es sich um eine Straße, eine Gegend oder eine Stadt handelt. Ein Alternativvorschlag wäre hier, den Stadtteil „Beverly Hills" zu nennen, da der qualitativen Lippensynchronität Rechnung getragen würde, und dieser Stadtteil so gut wie jedem deutschen Zuschauer bekannt sein dürfte. Die Assoziationen „wohlhabend" und „weiß", die „Westwood" bei amerikanischen Zuschauern auslöst, würden erhalten bleiben. „Compton Avenue" kann man beibehalten, da „Compton" auch außerhalb der USA als sehr gefährliche Gegend bekannt ist. So wird zumindest etwas Lokalkolorit beibehalten, auch wenn nicht alle Zuschauer die Aussage verstehen werden.

Insgesamt kann man sagen, dass auch diese Stelle bis auf eine Ausnahme sehr gut synchronisiert wurde. Der Kontrast zwischen den zwei Geschäftspartnern wird auch im Deutschen mehr als deutlich, so dass die Funktion der Szene beibehalten wird. Der schwarze Gangster wirkt in der deutschen Fassung noch aufgebrachter als in der englischen, was der Szene gut zu Gesicht steht. Man könnte durchaus die Meinung vertreten, dass die synchronisierte Szene besser funktioniert als die englische, da die Abneigung gegenüber den wohlhabenden Weißen noch deutlicher spürbar wird.

Es sollen im Folgenden keine weiteren Szenen mehr analysiert werden, da der ganze Film auf ähnlich hohem Niveau ist, wie die untersuchten Stellen, und die Synchronisation zu keinem Moment negativ auffällt.

Zusammenfassung:

„Menace II Society" gilt als einer der besten Filme der Neunziger. Die virtuose Inszenierung und der bis dahin ungekannte schonungslose Realismus beeindrucken auch fast zwanzig Jahre später noch. Auch die Synchronisation ist hervorragend gelungen, besonders wenn man bedenkt, dass Rapmusik und Filme, in denen AAE gesprochen wird, zur damaligen Zeit in Deutschland noch eher rar waren.

Dennoch könnte dieser Film als Musterbeispiel für die Synchronisation von AAE herangezogen werden. Die Sprecher wurden durchweg sehr gut ausgewählt und orientieren sich stark an den englischen Stimmen der Darsteller, die meist ebenfalls noch sehr jugendlich klangen. Somit kommt es zu einem hohen Maß an Charaktersynchronität, und auch den anderen Synchronitätsanforderungen wurde große Beachtung geschenkt. Besonders positiv fällt hier die Nukleussynchronität auf, da die Intonation sehr gut auf die Körperbewegungen der Schauspieler abgestimmt wurde. Die Synchronfassung bekommt hierdurch einen sehr natürlichen Eindruck und es wird deutlich, dass für eine gute Synchronisation talentierte Sprecher und ein mehrmaliges Einüben der Szenen unverzichtbar sind.

Doch auch die talentiertesten Sprecher könnten nicht über einen schlechten Synchrontext hinwegtäuschen. Die Originaldialoge sind sehr drastisch; sie sind vollgepackt mit Schimpfwörtern und Slang, und die Inhalte sind oft frauenfeindlich und gewalttätig. Doch all dies war notwendig um ein realistisches Bild von Amerikas schwarzer Unterschicht zu zeichnen, die vor allem zur damaligen Zeit in Drogen und Gewalt zu ersticken drohte. Dieser grimmige pessimistische Ton wurde auch im Deutschen nicht entschärft. Der Ausdruck „nigga" fällt fast genauso oft wie im Original und auch die restliche Sprache ist genauso explizit wie in der Originalfassung. Es wurde eine sehr realistische und radikale deutsche Jugendsprache verwendet, mit deren Hilfe ein hohes Maß an *indirekter Äquivalenz* erreicht wurde. Da auf lustig oder harmlos klingende Begriffe völlig verzichtet wurde, im Unterschied zu „Brooklyn´s Finest" beispielsweise, wirkt der Film auf Deutsch genauso schockierend auf den Zuschauer wie in der Originalfassung, so dass man sagen kann, dass die Funktion im allgemeinen vollständig beibehalten wird. Und auch der Textsinn wurde sehr genau übertragen. Wie an den untersuchten Stellen deutlich wird, hat man sich bei der Synchronisation sehr eng an den Originaltext gehalten und es scheint, dass dies keine schlechte Vorgehensweise ist.

Abschließend kann man sagen, dass die Synchronfassung der Originalfassung eigentlich in Nichts nachsteht und der Beweis dafür ist, dass AAE mithilfe von deutscher Jugendsprache absolut zufriedenstellend synchronisiert werden kann, jedenfalls sofern talentierte und motivierte Menschen am Synchronisationsprozess beteiligt sind.

4 Schlussbetrachtung

4.1 Zusammenfassung und Auswertung der Ergebnisse

Bei der Analyse der 4 Filme wurde deutlich, dass es bei der Synchronisation von AAE große Qualitätsunterschiede gibt, und dass sich die Qualität im Laufe der Zeit nicht unbedingt verbessert hat, was eigentlich anzunehmen wäre. Damit die Synchronisation eines Filmes, in dem viel AAE gesprochen wird, am Ende einen gelungenen Eindruck macht, müssen viele Faktoren berücksichtigt werden.

Zunächst einmal hat sich gezeigt, dass die Auswahl der richtigen Sprecher von essentieller Bedeutung ist. Schwarze unterscheiden sich aufgrund ihrer Stimme und ihrer Sprechweise oft stark von Sprechern, die keine afrikanischen Wurzeln haben. In den meisten Fällen haben Afroamerikaner recht tiefe und kraftvolle Stimmen, daher sollten auch Sprecher gefunden werden, die über ähnliche Stimmqualitäten verfügen. Und auch die Intonation schwarzer Sprecher unterscheidet sich stark von der vieler weißer. Die Stimmführung wirkt wesentlich lebendiger und die Stimme geht oft in hohe Lagen, besonders im erregten Gemütszustand. Dieser Umstand hat jedoch schon viele Synchronstudios dazu verleitet, Sprecher mit viel zu hohen Stimmen auszuwählen. Als absolutes Negativbeispiel bei der Stimmenauswahl kann „Black and White" herangezogen werden. So wird beispielsweise dem weltberühmten Rapper Method Man eine Stimme verpasst, die eher an einen 16-jährigen, schmächtigen Jungen erinnert, als an einen 1,90 Meter großen, bulligen Mann, der mit seiner Stimme Millionen verdient hat. Dieser Film macht auch deutlich, dass AAE in der deutschen Fassung nicht durch einen ausländischen Akzent ersetzt werden kann. Raekwons Stimme hat einen starken Akzent, der manchmal an einen Italiener, manchmal an einen Türken erinnert. Dies wirkt äußerst befremdlich und sorgt dafür, dass so gut wie keinerlei Charaktersynchronität erreicht wird. Es sollte bei afroamerikanischen Schauspielern, anders als sonst üblich, also immer nach einem Sprecher gesucht werden, der dem Original möglichst nahe kommt, da so am ehesten Charaktersynchronität erreicht wird. Und auch bei der Intonation sollten sich die Sprecher an der Originalfassung orientieren, da sich gezeigt hat, dass hierdurch die authentischsten Ergebnisse erzielt werden. Diese Vorgehensweise ist sonst in der Synchronbranche schon allein aus Zeitmangel nicht üblich, bei der Synchronisation von afroamerikanischen Schauspielern ist es jedoch absolut zu empfehlen.

Doch nicht nur was die prosodischen Merkmale angeht, stellt AAE die Synchronisateure vor eine große Herausforderung. Filme, in denen viel AAE gesprochen wird, spielen meist im Ghetto. Es wird eine Welt voller Kriminalität, Hoffnungslosigkeit und Gewalt dargestellt. Dass dieses Bild teilweise überzeichnet ist, mag sein, und es gibt auch durchaus Filme und Serien, in denen das Leben der schwarzen Mittelschicht porträtiert wird, allerdings sind die sogenannten „Hood Movies" oft wesentlich besser und interessanter, und vor allem auch erfolgreicher. Genau wie Rapmusik entführen diese den Rezipienten in eine ihm fremde, gefährliche und auch aufregende Welt. Und um diese Welt realistisch darstellen zu können, müssen sich die Charaktere in diesen Filmen auch einer glaubwürdigen Sprache bedienen. Daher wird meist stark ausgeprägtes AAE gesprochen und es werden sehr viele Slangbegriffe und Schimpfwörter verwendet. Hier imitiert einerseits die Kunst die Wirklichkeit, aber gleichzeitig wird beim Konsumieren der Kunst auch das Bild von der Wirklichkeit verändert, da sich Vorurteile über AAE-Sprecher bilden oder bestärkt werden. Auch der große Anteil an schwarzen Gefängnisinsassen und die hohen Mordraten in Städten mit einer großen afroamerikanischen Population tragen zum negativen Bild bei. Und so werden allein schon durch die Sprache beim Zuschauer Assoziationen, wie Gewaltbereitschaft und Kriminalität, ausgelöst, und AAE steht in der Hierarchie der US-Dialekte ganz unten.

Diese Assoziationen, die bei dem amerikanischen Durchschnittszuschauer geweckt werden, sind auch entscheidend für die Synchronisation. Da kein deutscher Dialekt gewählt werden kann, der ähnlich negativ konnotiert wäre, muss mithilfe von überregionaler Jugendsprache versucht werden, *indirekte Äquivalenz* herzustellen. AAE ist wahrscheinlich der einzige Dialekt, bei dem dies in der Praxis auch wirklich versucht wird, da andere Dialekte wie Cockney, das ebenfalls recht negativ konnotiert ist, normalerweise völlig neutralisiert werden, und im Deutschen kein Unterschied zu anderen Sprechern erkennbar ist. So hatte Eddie Murphy bereits 1982 in „Nur 48 Stunden" eine stark jugendsprachlich gefärbte Umgangssprache, was ihn von seinem weißen Partner Nick Nolte stark unterschieden hat. Jedoch klangen die jugendsprachlichen Formulierungen in diesem Film mehr als haarsträubend, was allerdings nicht weiter störte, da Murphys Filmfigur eine eher humoristische Funktion hatte. Erst Anfang der Neunziger kamen einige Filme ins Kino, die es erforderlich machten, dass die Charaktere im Deutschen eine realistisch wirkende Jugendsprache sprechen. Einige Beispiele hierfür sind „Fresh", „Juice" „Boys ′n the Hood", „Kids" und eben auch „Menace II Society". Und so besteht seit damals die Schwierigkeit, nicht nur *indirekte*

Äquivalenz herzustellen, sondern dabei auch auf eine glaubhafte Jugendsprache achten zu müssen. Dies stellt enorme Anforderungen an den Dialogautor, da es eines großen Gespürs bedarf, um als Erwachsener glaubhafte jugendsprachliche Formulierungen zu finden. Wie unterschiedlich die Ergebnisse ausfallen, wird anhand der analysierten Filme deutlich. Und besonders „Black and White" beweist, dass der Versuch *indirekte Äquivalenz* herzustellen, für einen synchronisierten Film auch fatal enden kann. Und dabei handelt es sich hier noch um einen recht aufwendigen, teuren Film, und unbekanntere Filme wie z.B. „White Lines" weisen oft eine noch erheblich schlechtere Synchronisation auf. Derartige Totalausfälle, die sonst in der Synchronbranche recht selten vorkommen, zeigen, dass die Übersetzung von AAE doch höhere Anforderungen an die Synchronisateure stellt als die meisten anderen Filme.

Gerade bei solch schlechten Filmen hat man oft den Eindruck, dass die Synchronisateure AAE einfach mit „falschem" Englisch gleichsetzten, das lediglich die fehlende Bildung oder ein geistiges Defizit der Sprecher zum Ausdruck bringt. Dass AAE jedoch in der Wissenschaft schon lange als legitimes Sprachsystem mit festen Regeln anerkannt wird, ist vielen Menschen immer noch nicht bewusst. Daher klingen dann oft sämtliche Schwarze in der Synchronfassung geistig mehr als beschränkt. Auch die Tatsache, dass AAE in der amerikanischen Öffentlichkeit zwar negativ konnotiert ist, aber vor allem unter jungen Menschen auch oft einen hohen Prestigewert genießt und für diese „cool" klingt, und dass dieser Eindruck auch im Deutschen beibehalten werden muss, scheint manchen Dialogautoren völlig unbekannt zu sein. Fehlt also die nötige Motivation oder das nötige Können, sollte auf den Versuch *indirekte Äquivalenz* herzustellen verzichtet werden, und alle Filmcharaktere sollten lieber Standardsprache sprechen, da dies weit weniger störend wäre, als eine peinlich und lächerlich klingende Jugendsprache. Es ist also eine schwierige Gratwanderung, die Figuren einerseits in ein schlechtes Licht zu rücken, indem negative Assoziationen geweckt werden, sie gleichzeitig aber „cool" wirken zu lassen und nicht zu Idioten zu degradieren. Das ambivalente Bild, das die amerikanische Gesellschaft von AAE und AAE-Sprecher hat, muss so gut wie möglich im Deutschen wiedergegeben werden.

Sind jedoch der Wille und die entsprechenden Fähigkeiten vorhanden, ist es nicht unmöglich, auch einen Film, in dem ausschließlich stark ausgeprägtes AAE gesprochen wird, absolut zufriedenstellend und funktionsäquivalent zu synchronisieren. Die Synchronisation von „Menace II Society", die trotz ihres Alters auch heute noch eine sehr gute Figur macht, ist hierfür ein gutes Beispiel. Das Filmvergnügen wird im

Deutschen so gut wie kaum geschmälert und die Charaktere machen in beiden Sprachfassungen auf den Zuschauer den gleichen Eindruck. Auch „Brooklyn's Finest" hinterlässt einen eher positiven Eindruck. Im Deutschen findet sich eine hohe Dichte an jugendsprachlichen Formulierungen, von denen nur ein paar unpassend wirken. Wäre hier etwas weniger Jugendsprache verwendet worden, wäre dies wohl sogar vorteilhaft gewesen.

Bei der Besprechung des Films „Weiße Jungs bringen's nicht", bei dem es sich um eine Komödie handelt, wurde der Authentizität der Jugendsprache weit weniger Beachtung geschenkt, als bei den anderen ernsteren Filmen. Es hat sich nämlich gezeigt, dass das Herstellen von *indirekter Äquivalenz* für die funktionsäquivalente Synchronisation einer Komödie nicht unbedingt von Nöten ist. Die Hauptfunktion einer Komödie ist es, die Zuschauer zum Lachen zu bringen und zu amüsieren. Daher sind alle Mittel, die diesem Zweck dienlich sind, willkommen, und es muss nicht wirklich darauf geachtet werden, ob ein jugendsprachlicher Ausdruck nun glaubhaft klingt oder nicht. Dies bedeutet jedoch nicht, dass es bei der Synchronisation von Komödien keine Schwierigkeiten gibt. Wie sich bei „Weiße Jungs bringen's nicht" zeigt, werden von den Drehbuchautoren oft Wortspiele mit Slangbegriffen in die Dialoge eingebaut. Slangbegriffe sind meist Homonyme zu Standardbegriffen und daher lassen sich hier sehr gut Wortspiele konstruieren. Diese Wortspiele sind dann meist Bestandteile einer Metapher, deren Übersetzung ins Deutsche durchaus schwierig bis unmöglich sein kann. Auch in „Brooklyn's Finest" finden sich solche Metaphern, die ebenfalls sehr schwierig zu übersetzen sind. Für dieses Problem gibt es keine Pauschallösung, und es ist ein hohes Maß an Kreativität gefordert. Es ist jedoch meist am besten, sich bei bildlichen Formulierungen so nah wie möglich an das Original zu halten.

Die AAE-Sprachpraktiken, wie *Signifyin'* und *Playin' the Dozens,* die in „Weiße Jungs bringen's nicht" oft vorkommen und einen Großteil des Humors ausmachen, lassen sich scheinbar problemlos ins Deutsche übertragen. Auch wenn es in unserer Kultur mehr als unüblich ist, die Mutter des Anderen aus Spaß zu beleidigen, ist dieser Kulturunterschied nicht so groß, dass es zu einem Konflikt kommen würde und der Synchrontext drastisch geändert werden müsste. Es ist jedoch sehr gut vorstellbar, dass diese Art von Humor für Menschen aus dem Nahen Osten völlig unverständlich ist, da dort Beleidigungen der Mutter ein absolutes Tabu sind. Hier würde die Funktion der Originalfassung durch eine adäquate Übersetzung nicht beibehalten werden.

Natürlich muss bei der Synchronisation von AAE auch den üblichen Anforderungen Beachtung geschenkt werden, die für alle synchronisierten Filme gelten. Neben der bereits erwähnten Charaktersynchronität, müssen auch die anderen Synchronitätsanforderungen beachtet werden. Passt das Gesagte nicht zu den Lippen- und Körperbewegungen, entsteht hierdurch ein sehr künstlicher und auch „billiger" Eindruck. Hier ist wieder einmal „Black and White" als negatives Beispiel zu nennen, während vor allem „Brooklyn´s Finest" den Synchronitätsanforderungen in höchstem Maße gerecht wird.

Was den Textsinn angeht, so scheint es am besten zu sein, möglichst nah am Original zu bleiben. Bei den professioneller synchronisierten Filmen ist der Synchrontext stets sehr nah am Original. Es ist jedoch zu sagen, dass das Beibehalten der Funktion weitaus wichtiger ist, als den Inhalt 1:1 wiederzugeben. Bei der Besprechung des Inhalts hat sich auch gezeigt, dass Kulturspezifika bei der Filmsynchronisation ein großes Problem darstellen können. Es hat sich herausgestellt, dass diese, wenn möglich, beibehalten werden sollten, und sonst durch allgemeine Ausdrücke ersetzt werden müssen. Deutsche Kulturspezifika müssen auf jeden Fall vermieden werden, da dies die Illusionswirkung beeinträchtigt.

Werden also die üblichen Synchronitätsanforderungen beachtet, wird der Textsinn möglichst genau wiedergegeben, und durch eine authentische Jugendsprache *indirekte Äquivalenz* hergestellt, wodurch dann die Funktion beibehalten wird, können Filme, in denen viel AAE gesprochen wird, absolut überzeugend synchronisiert werden. Natürlich bedarf es dazu jedoch immer motivierter und talentierter Menschen, da vor allem Wortspiele mit Slangausdrücken nur mit viel Kreativität übersetzt werden können.

4.2 Ausblicke

Die oftmals unzufriedenstellende Qualität bei der Synchronisation von AAE könnte durchaus verbessert werden. Zunächst einmal müssten mehr professionelle Übersetzer in den Synchronisationsprozess eingebunden werden. Dialoge, in denen viel AAE vorkommt, stellen den (meist unqualifizierten) Rohübersetzer vor eine enorme Herausforderung. Das AAE-Merkmal der *semantischen Inversion* kann das Verständnis eines Satzes oftmals ungemein erschweren; außerdem müssen Slangausdrücke als solche erkannt werden und dürfen nicht wörtlich übersetzt werden. Es wäre am besten, wenn die Rohübersetzung und das Erstellen des Scripts zumindest bei englischen Filmen zu einem Schritt zusammengefasst werden könnten, da sich der Dialogautor dann besser am Original orientieren könnte, wodurch beispielsweise Wortspiele nicht auf der

Strecke bleiben würden. Außerdem könnten dadurch Geld und Arbeitszeit gespart werden. Allerdings bedürfte es dazu gut ausgebildeter und talentierter Experten. Deshalb sollte ein Synchronstudiengang für Übersetzer geschaffen werden, denn immer noch sind alle, die in der Synchronbranche arbeiten, Quereinsteiger. Da diese Menschen oft schon lange in anderen Bereichen der Unterhaltungsindustrie tätig waren, sind sie meist schon mittleren Alters. Gerade für die Synchronisation von AAE, wo von den Dialogautoren ein gutes Gespür für Jugendsprache verlangt wird, wären junge Autoren jedoch sicherlich eine Bereicherung, da diese noch eher einen Draht zur Sprache der heutigen Jugend haben.

Es sollte auch eine spezielle Ausbildung für Synchronsprecher geschaffen werden. Die wenigen wirklich guten Sprecher, die es in Deutschland gibt, leihen oftmals einer ganzen Reihe von Darstellern ihre Stimme. Dadurch kommt es aber beim Zuschauer oftmals zu einem Déjà-vu-Erlebnis; außerdem werden diese Sprecher dann absolut unverzichtbar und können ein enormes Gehalt verlangen. Und besonders für schwarze Darsteller gibt es zu wenig gute Sprecher und in einer Ausbildung könnte auf die speziellen Anforderungen, die hier an den Synchronsprecher gestellt werden, eingegangen werden.

Außerdem sollten sich die Synchronsprecher vor jeder Aufnahme stets die Originalszene ansehen, da es ohne diesen Bezug nicht wirklich möglich ist, einen afroamerikanischen Darsteller glaubhaft zu synchronisieren.

Auch die Verpflichtung von deutschen Hip Hop-Stars (am besten mit afrikanischen oder afroamerikanischen Wurzeln, wie z.B. Olli Banjo, Samy Deluxe, Tone, Manuellsen oder Jonesmann) als Synchronsprecher wäre keine schlechte Idee, da diese für eine gewisse Authentizität sorgen könnten und für das Zielpublikum eventuell einen Anreiz wären, ins Kino zu gehen. Außerdem könnten diese Rapszenen auf Deutsch wesentlich glaubhafter wiedergeben, da dies ihr täglich Brot ist.

Des Weiteren könnten zumindest bei großen Kinofilmen Testscreenings abgehalten werden, wie es in der Filmbranche Gang und Gebe ist. Zuschauer, die dem Zielpublikum entsprechen, könnten sich eine Vorabversion des synchronisierten Films ansehen, diese bewerten und Verbesserungsvorschläge machen. Auch wenn dies zweifellos höhere Kosten und mehr Arbeitszeit mit sich bringen würde, könnte die Qualität dennoch stark verbessert werden. Auch in der Filmbranche herrscht ein großer Druck, doch auch dort nimmt man sich die Zeit für Testvorführungen, und dies sicherlich aus gutem Grund.

Quellen

Literarische Quellen

Baugh, John (1999). Out of the Mouths of Slaves: African American Language and Educational Malpractice. Austin: University of Texas Press.

Berezowski, Leszek (1997). *Dialect in Translation*. Wrocław: Wydawnictwo Uniwersytet
Wrocławskiego.

Borchert, Nicole (2006). *Pragmalinguistische Tendenzen in der Jugendsprache*. Hauptseminararbeit. München: Grin Verlag.
Bräutigam, Thomas (2001). *Lexikon der Film- und Fernsehsynchronisation. Stars und Stimmen: Wer synchronisiert wen in welchem Film?*. Berlin: Lexikon-Imprint.

Dries, Josephine (1995). *Dubbing and Subtitling. Guidelines for Production and Distribution*. Düsseldorf: Europäisches Medieninstitut.

Fodor, István (1976). *Film Dubbing. Phonetic, semiotic, esthetic and psychological Aspects*.
Hamburg: Buske.

Green, Lisa G. (2002). African American English. A Linguistic Introduction. New York: Cambridge University Press.

Herbst, Thomas (1994). *Linguistische Aspekte der Synchronisation von Fernsehserien. Phonetik, Textlinguistik, Übersetzungstheorie*. Tübingen: Niemeyer.

Hesse-Quack, Otto (1969). *Der Übertragungsprozeß bei der Synchronisation von Filmen.*
Eine interkulturelle Untersuchung. München/Basel: Reinhardt.

House, Juliane (2001). *Translation Quality Assessment: Linguistic Description versus Social Evaluation*. In: Meta : journal des traducteurs / Meta: Translators' Journal, vol. 46, n° 2, 2001, S. 243-257

Kochman, Thomas (1981). *Black and white styles in conflict*. Chicago: University of Chicago Press.
Krueger, Gertraude (1986). *Roh-Übersetzungen sind eher Blind-Übersetzungen. Über das Synchronisieren von Filmen*. In: Zeitschrift für Kulturaustausch 36, n° 4, 1986, S. 611-613.

Krugman, Paul Maurice (2009). Internationale Wirtschaft: Theorie und Politik der Außenwirtschaft. Obstfeld

Kubczak, Hartmut (1979). *Was ist ein Soziolekt? Überlegungen zu Symptomfunktion sprachlicher Zeichen unter Berücksichtigung der diastratischen Dimension.* Heidelberg: Winter.

Kurz, Christoph (2006). *Filmsynchronisation aus übersetzungswissenschaftlicher Sicht: Eine kontrastive Synchronisationsanalyse des Kinofilms "Lock, Stock and Two Smoking Barrels".* Hamburg: Verlag Dr. Kovač.

Luyken, Georg-Michael et al. (1991). *Overcoming Language Barriers in Television. Dubbing and Subtitling for the European Audience.* Manchester: The European Institute for the Media.

Mufwene, Salikoko; Bailey, Guy; Baugh, John; Lisa Green; Labov, William; Martin, Stefan; Morgan, Marcyliena; Rickford, John R.; Smitherman, Geneva; Spears, Arthur Kay; Erik Thomas (1998). *African-American English: structure, history, and use.* New York: Routledge.

Neuland, Eva (2008). *Jugendsprache: Eine Einführung.* Stuttgart: UTB.

Nida, Eugene Albert (2003). *Toward a Science of Translating: with special reference to principles and procedures involved in bible translating.* Boston: Brill.

Peer, Christian (2006). *Stereotypes and Slang. A Survey of National Stereotyping in English Slang.* Stuttgart: ibidem.

Pelz, Heidrun (1996). *Linguistik. Eine Einführung.* Hamburg: Hoffmann und Campe.

Poplack, Shana (2000). *The English history of African American English.* Malden, USA: Blackwell Publishers Inc.

Pruys, Guido Marc (1997). *Die Rhetorik der Filmsynchronisation. Wie ausländische Spielfilme in Deutschland zensiert, verändert und gesehen werden.* Tübingen: Narr.

Schwitalla, Johannes (2003). *Gesprochenes Deutsch. Eine Einführung.* Berlin: Schmidt.

Smitherman, Geneva (2000). *Talkin´ that Talk.* New York: Routledge.

Steinig, Wolfgang (1976). *Soziolekt und soziale Rolle. Untersuchungen zu Bedingungen und Wirkungen von Sprachverhalten unterschiedlicher gesellschaftlicher Gruppen in verschiedenen sozialen Situationen.* Düsseldorf: Schwan.

Stickel, Gerhard (1996). *Varietäten des Deutschen. Regional und Umgangssprachen.* Berlin: De Gruyter.

Whitman-Linsen, Candace (1992). *Through the Dubbing Glass. The Synchronisation of American Motion Pictures into German, French and Spanish.* Frankfurt am Main: Lang.

Internetquellen

Bob Schatan (2004). Bill Cosby Scorches Black Culture and Education
URL: http://www.papillonsartpalace.com/bcill.htm (04.02.2011)

Crosslin, Jim. Indentured servants
URL: http://homepages.rootsweb.ancestry.com/~crosslin/records/va/immigrants3.html (04.02.2011)

Dialekt
URL: http://www.uni-protokolle.de/Lexikon/Dialekt.html

Die Worte sollen aus dem Mund purzeln-Über die Synchronisation der Serie „The Wire" ins Deutsche (2008)
URL: http://blog.babbel.com/die-worte-sollen-aus-dem-mund-purzeln-uber-die-synchronisation-der-serie-the-wire-ins-deutsche/

Dyson, Michael Eric (2005). Is Bill Cosby Right or Is the Black Middle Class Out of Touch?
URL: http://www.npr.org/templates/story/story.php?storyId=4628960 (04.02.2011)

Kasım Pazartes (2007). Translation Theories: Week 7
URL: http://translationtheories.blogspot.com/2007/11/week-7.html (04.02.2011)

McArthur, Tom (1998). AFRICAN-AMERICAN VERNACULAR ENGLISH.
URL: http://www.encyclopedia.com/doc/1O29-AFRICANAMERICNVRNCLRNGLSH.html (14.02.2011)

Metz, Markus & Seeßlen, Georg (2009). Das Kino spricht deutsch
Glanz und Elend der Synchronisation
URL: http://www.dradio.de/dkultur/sendungen/zeitreisen/918145/ (09.02.2011)

Muhammad Ali
URL: en.wikiquote.org/wiki/Muhammad_Ali (04.02.2011)
Muhammad Ali quotes
URL: http://www.brainyquote.com/quotes/authors/m/muhammad_ali.html (04.02.2011)

Pahlke-Grygier, Sabine (2004). Wir sind die im Dunkeln". Synchron-Autoren und Regisseure
URL: http://www.goethe.de/kue/flm/dos/sid/de218182.htm (04.02.2011)
urbandictionary.com

U.S. Census Bureau factfinder.census.gov
URL: http://factfinder.census.gov/servlet/DTTable?_bm=y&-geo_id=01000US&-ds_name=ACS_2009_5YR_G00_&-SubjectID=15233308&-redoLog=false&-mt_name=ACS_2009_5YR_G2000_B02001&-format=&-CONTEXT=dt (04.02.2011)

Varietäten einer Sprache
URL:
http://www.christianlehmann.eu/ling/elements/index.html?http://www.christianlehmann.eu/ling/elements/varietaeten.php (04.02.2011)

Filme

Fuqua, Antoine (2009). *Brooklyn's Finest.* Kinowelt Filmverleih.

Shelton, Ron (1992). *Weiße Jungs bringen's nicht.* Twentieth Century Fox.

Toback, James (1999). *Black and White.* Columbia Tristar Home Entertainment.

Hughes, Albert und Allen (1993). *Menace II Society.* Kinowelt Filmverleih.

Abbildungsverzeichnis

Titelbild: Denzel Washington in „He Got Game"
URL: http://www.themoviedb.org/movie/9469

Das Synchronstudio von Heute (S.24). Whitman-Linsen, 1992, S. 13

Der Autor

Matthias Groß, Jahrgang 1986, hat sich bereits während seiner Gymnasialzeit für Sprachen interessiert und sich gleichzeitig für die afroamerikanische Jugendkultur begeistert. Nach seinem Staatsexamen als Übersetzer und Dolmetscher hat sich der Autor entschlossen, sein Interesse zu vertiefen und am SDI München seine Bachelorarbeit zu schreiben. Gegenwärtig ist der Autor in der Untertitelung von Filmen tätig.